Christian Bail

Die Sache mit …

Nicht nur (West-)Berliner Kurzgeschichten für jede Gelegenheit

Christian Bail

Die Sache mit ...

Nicht nur (West-)Berliner Kurzgeschichten für jede Gelegenheit

Rediroma-Verlag

Bibliografische Information der Deutschen Nationalbibliothek:
Die Deutsche Nationalbibliothek verzeichnet diese Publikation in der Deutschen Nationalbibliografie; detaillierte bibliografische Daten sind im Internet über http://portal.dnb.de abrufbar.

ISBN 978-3-98527-026-2

Autorenkontakt: dschungel-berlin@web.de

www.rediroma-verlag.de
11,95 Euro (D)

Vorwort

Der Leser könnte auf den Gedanken kommen, der „Mann“ muss sich die folgenden Geschichten ausgedacht haben. Ich versichere Ihnen, diese basieren alle auf Tatsachen und echten Erlebnissen. Denn wenn man so durch das Leben geht wie ich, alles aufsaugt und interessiert durch die Welt spaziert, erlebt man so einiges.

Während des Schreibens war aber auch ich überrascht, was an bisher fast Vergessenem alles so hochsprudelt, wenn man sich erst mal ran setzt.

Fast alle Geschichten spielen wieder in Berlin, kein Wunder, denn schließlich wurde ich als „echter Berliner Junge“ im Westteil der Stadt geboren. In Berlin einen echten Berliner anzutreffen, ist tatsächlich selten geworden, deshalb nutzen Sie diese Chance.

Im Anhang können Sie etwas über die Handlungsorte erfahren, wenn Sie dann noch Lust haben, weiter zu lesen.

Wie schon in meinem Buch „Wie *Mann* zum Kinde kam“ war ich besonders für die nichtberliner Leser bemüht, die Orte der Ereignisse zu beschreiben, damit sich diese etwas besser zurechtfinden in unserer Hauptstadt. Aber auch ohne diese Ortskenntnisse ist man nicht verloren.

Mein Anspruch an dieses Buch war: Sie suchen nach kurzweiliger Unterhaltung und etwas zum Lachen, Schmunzeln oder auch Staunen? Die folgenden Kurzgeschichten eignen sich hervorragend für „Langeweile“ im Urlaub oder einfach zum Abspannen oder Zeitvertreib, ohne den Anspruch auf eine fordernde und anstrengende Lektüre. Die Kurzgeschichten stehen in keiner besonderen chronologischen Reihenfolge und haben auch keinen zeitlichen Zusammenhang.

Ich wünsche einfach viel Spaß beim Lesen!

Ich bin auf Ihr Feedback gespannt. Haben auch Sie spannende Geschichten zu erzählen, teilen Sie diese mit mir (siehe Autorenkontakt).

Inhalt

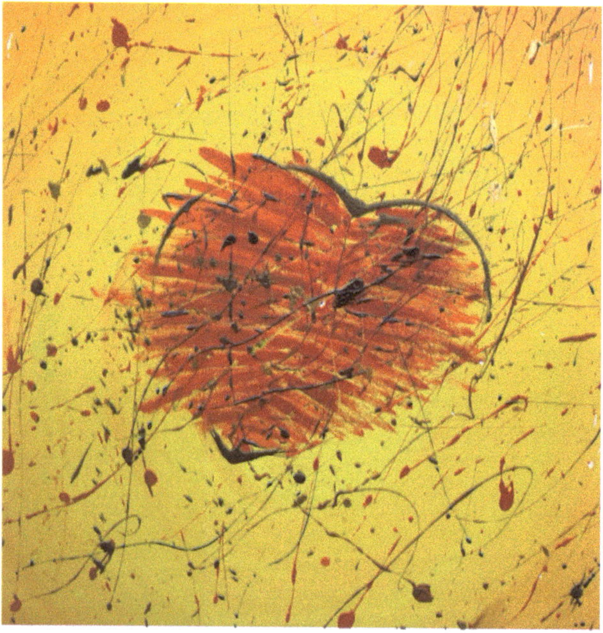

Vorgeschichte:

Die Sache mit den Liebesbriefen.

Ich konnte schon immer überzeugende Liebesbriefe schreiben.

Dies begann schon in der Grundschule. Erst ging es los mit kleinen Zettelchen an die auserwählte Schulkameradin. „Willst Du mit mir gehen?“, so die Überschrift und dann drei Ankreuzkästchen mit „Ja“, „Nein“, „Vielleicht“. Bald musste ich mich steigern, denn diese Art von Liebeserklärung wurde dann zur Mode und schon damals wollte ich mich vom Mainstream lösen. Denn nur so hatte ich die Chance aufzufallen und mich von den anderen abzusetzen.

Also fing ich in der sechsten Klasse an, richtig zu schreiben und zu malen. Auf der Vorderseite wurde der Name der Auserwählten mit einem Herz ummalt und auf die Rückseite ein leidenschaftlicher Text geschrieben. „Liebe Daniela, Du bist mir schon lange aufgefallen, aber ich habe mich nicht getraut. Ich finde dich total nett und du bist anders als die anderen Mädchen. Ich finde deine langen Haare toll, meine Mutter hat auch lange Haare. Vielleicht hast Du mal Lust, mit mir gemeinsam zu Woolworth in die Spielzeugabteilung zu laufen.“

Und oft war es dann so, dass ich händchenhaltend den einen oder anderen Spaziergang machen durfte.

Mit zunehmender Schulbildung und Pubertät wurden meine Briefe dann ausgefeilter und leidenschaftlicher. Zum Glück gab es ja die Zeitschrift *Bravo*, denn diese lieferte dafür immer gute Vorlagen und Diskussionen und so steigerte ich mich immer mehr. Dies betraf nicht nur die Anzahl der Briefseiten, sondern auch die Art, Wörter zu Sätzen und Sätze zu Texten zusammenzufügen.

Mein Erfolg und die Reaktion der Mädchen und später Frauen auf meine Briefe spiegelte mir, dass ich anscheinend in diesem Fach meine Hausaufgaben gemacht hatte, ganz im Gegenteil zu meinen schulischen Noten. Trotz dieses Talentes konnte ich auch im Fach Deutsch nicht wirklich trumpfen und war am Ende der zwölften Klasse einfach nur froh, mit Ach und Krach das Abitur bestanden zu haben.

Womit ich aber trumpfen konnte, war ein „gewisser“ Erfolg und Charme bei dem weiblichen Geschlecht. Und immer ging ein Brief von mir voraus, der dann die Grundlage für das anschließende Zusammensein bildete. Entweder stand fest, mit dieser Frau wollte ich ein längere Beziehung führen oder auch nur ein kleines und kurzes Techtelmechtel eingehen.

Wenn ich heute in meiner Kramkiste wühle und die teils aufgehobenen Kopien von einigen Briefen und Liebeserklärungen finde, muss ich schmunzeln. Das Beste daran ist aber, dass man sich die Vergangenheit wieder vor Augen führt und einem bewusst wird, was für ein aufregendes Leben man führen durfte und welche Entwicklung dies genommen hat.

Ich führe immer noch ein sehr spannendes und aufregendes Leben. Meine Frau sagt immer: „Auch wenn es niemals langweilig wird, kann es an deiner Seite aber auch sehr anstrengend sein.“

„Das muss man einfach aushalten, sonst erlebt man einfach nichts“, ist dann oft meine etwas „egoistische“ Antwort.

Wenn jemand so durch das Leben geht, sehr viel erlebt und auch noch das Glück hat, in einer spannenden Stadt mit viel Geschichte aufzuwachsen, bleibt es nicht aus, dass „Mann“ dann viel zu erzählen hat.

Natürlich haben einige Menschen viel zu erzählen, der Unterschied ist aber, dass oft schon der Anspruch an das Erlebte verhindert, dies auch der Öffentlichkeit mitzuteilen. Darüber hinaus ist es verdammt schwierig, den eigenen Schweinehund zu überwinden, selbst wenn man sich irgendwann ran setzt und alles aufschreibt. Leser, die schon immer regelmäßig ein Tagebuch geführt haben, sind eindeutig im Vorteil und ich blicke heute mit Neid auf diese.

Aber Ausreden gibt es viele und was am Schluss zählt, ist, sich einfach an seine eigene Geschichte und eigenen Geschichten zu setzen und diese auf Papier zu bringen. Es ist ein unglaubliches Gefühl, wie es auf einmal anfängt, aus einem raus zu sprudeln. Wenn dann auch noch der Mut und ausreichend Selbstbewusstsein dazukommen, kann daraus tatsächlich ein Buch entstehen.

Ich bin ziemlich stolz, dass ich mich das getraut habe, und so ist im Grunde daraus doch noch ein „nachgeholtes" eigenes Tagebuch entstanden.

Ich hoffe, dass Sie meine Kurzgeschichten nicht langweilen, aber das liegt wie immer im Auge des Betrachters.

Und so sind die folgenden Kurzgeschichten auch „Liebesbriefe" an das Leben!

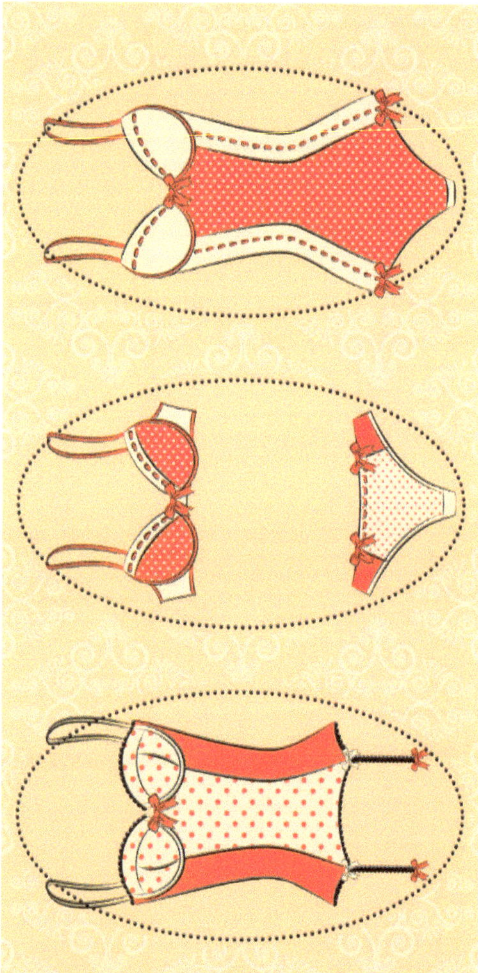

Kurzgeschichten: Die Sache mit…

… den Miederwaren.

Nun hatte ich gerade so das Abitur geschafft und wusste zunächst nicht viel damit anzufangen. Mit den Worten meiner Mutter in den Ohren, *„wenn du das Abitur hast, steht dir die Welt offen“*, konnte ich genauso wenig anfangen. Also hielt ich es für eine gute Idee, erstmal eine schöpferische Auszeit einzulegen, um mir über meinen weiteren Lebensweg Klarheit zu verschaffen.

o

Viele meiner Freunde fingen an zu studieren, was zu diesem Zeitpunkt noch keine Option für mich war. Schon während der Schulzeit hatte ich, um mein Taschengeld aufzubessern, bei *Meyer-Lebensmittel* die Getränke einsortiert und war dadurch eher praktisch veranlagt, als nur theoretisch etwas über effiziente Arbeitsteilung zu hören. *Hand anlegen* war mein Motto, also verdiente ich weiter mein Geld, um es großzügig für die Freizeit wieder auszugeben. So konnte es natürlich nicht lange weitergehen, denn sonst hätten sich meine Großeltern im Grab umgedreht, die noch zu Lebzeiten in die Zukunft und Ausbildung ihrer Enkelkinder investiert hatten.

Nach einem Jahr der Besinnung wurde es dann Zeit, darüber nachzudenken, wie es weitergehen sollte. Ich fasste den Entschluss, zunächst eine Ausbildung zu machen, um danach zu sehen, was das Leben noch für mich bereithielt. Inzwischen war ich älter, reifer und etwas selbstbewusster geworden und so fiel es mir auch nicht einfach, mit anderen jüngeren und frischen Schulabgängern über einem Einstellungstest zu brüten, dessen Sinn ich nicht verstehen wollte. Darüber hinaus hatte ich mit meiner schlechten Abiturnote keine große Auswahl, was einen Lehrberuf anging. Fast wollte ich den Bewerbungsmarathon schon aufgeben, als ich eine Einladung zu einem Vorstellungsgespräch zum Groß- und Außenhandelskaufmann bekam. Dies war genau der richtige Beruf für mich (so dachte ich), denn ich hatte ja schon bei *Meyer* unter Beweis gestellt, dass ich von dieser Materie etwas verstand. Es war genau die 50. Bewerbung und diesmal musste es klappen.

Das Bewerbungsgespräch verlief ziemlich gut und den Chef störten auch nicht meine schlechten Noten, weil er meine praktischen Erfahrungen in den Mittelpunkt stellte. Super, so konnte es weitergehen. Am Ende des Gespräches klappte er die Bewerbungsmappe zu und sagte: „Also, ich würde Sie sehr gerne einstellen, weil Sie bereits Berufserfahrung gesammelt haben, aber ich befürchte, dass Sie in diesem Job etwas unterfordert sein könnten. Sind Sie sich sicher, dass Sie diese Ausbildung machen wollen?“

Ich wollte antworten, *wenn Sie wüssten, dass dies bereits meine 50. Bewerbung ist*, stattdessen sagte ich nur: „Ja auf jeden Fall!“

Und so startete ich meine Karriere zum Groß- und Außenhandelskaufmann. Ich wurde zunächst durch die einzelnen Abteilungen der Handelsware geführt, um einen ersten Überblick über das Sortiment zu bekommen. Es gab eine Wollgarn- und Kurzwarenabteilung, eine Strumpfabteilung, eine Herrenbekleidungsabteilung und eine Damenunterwäscheabteilung. Die Abteilungsleiterin der Strumpfabteilung fand mich so sympathisch, dass sie mich gleich da behielt und mir ihr geschaffenes System erklärte, an dem sich auf keinen Fall etwas ändern durfte.

Was sollte denn hier nur anders sein als bei der Flaschenabteilung von *Meyer*, und es dauerte dann auch nicht lange, bis die Abteilungsleiterin weniger zu sehen war, weil sie wusste, ihr „Zögling" hielt ihre Abteilung auf Vordermann. Hinzu kam, dass ich unbemerkt etwas Effizienz in die Abläufe brachte und von nun an alles nur die halbe Zeit brauchte. Langsam fing ich an, mich zu langweilen. Was sollte ich mit der gewonnenen Zeit nur anfangen?

Ich war gerade schwer verliebt in ein Mädchen und nutzte diese Zeit, um ihr Liebesbriefe zu schreiben. Aber auch dies ließ die Uhrzeit bis Feierabend nicht schneller vergehen und so machte ich mich irgendwann auf den Weg in die anderen Abteilungen.

Da ich meine Aufgaben mit Bravour bewältigte, sollte meine Anwesenheit in der Strumpfabteilung noch verlängert werden und auf einmal hatte ich die Anmerkung meines Chefs aus dem Bewerbungsgespräch im Kopf, „dass Sie in diesen Job etwas unterfordert sein könnten“. Diese Blöße wollte ich mir auf keinen Fall geben.

o

Zweimal in der Woche mussten die Auszubildenden in die Berufsschule in die Wrangelstraße in Berlin Kreuzberg gehen. **(1. *Berlin-Kreuzberg*)**

Dies brachte zum Glück etwas Abwechslung in das sonst nicht besonders herausfordernde Berufsleben. Durch meine selbstbewusste Art stand ich schnell im Mittelpunkt meiner und auch der Mitschüler der Parallelklassen. In den Pausen erfuhr ich dann auch einige persönliche Dinge über meine Klassenkameraden, die überwiegend – dem Beruf geschuldet – weiblich waren.

Irgendwann hatte natürlich jeder mal Geburtstag und da konnte ich doch mit tollen Geburtstagsgeschenken, besonders bei der weiblichen Fraktion, aufwarten. Und so begann erst ein kleiner und dann, im Laufe der Zeit, ein reger Handel mit der richtigen und gewünschten Handelsware. Diese gab es bei mir bzw. in den Abteilungen *„meines“* Großhandels. In meinem Arbeitsvertrag stand zwar, dass ich zu Zwecken des Eigenverbrauchs vergünstigt Ware aus dem Sortiment einkaufen durfte, eine konkrete Mengenzahl wurde aber nicht definiert.

Ohne auch nur jemals in der Abteilung der Miederwaren eingesetzt worden zu sein, nutzte ich die gewonnene Arbeitszeit für Besuche der Abteilungsleiterin. Ich wollte alles über Damenunterwäsche in Erfahrung bringen. Einen so interessierten Auszubildenden hatte sie selten zuvor erlebt und wollte gleich mal mit dem Chef über mich sprechen. Nach kurzer Zeit kannte ich alle Marken, deren Qualität und Vorzüge, alles über Größen, Passformen und Körbchen. Die Firma *Triumph* stand damals hoch im Kurs, weil diese auch durch viele attraktive Models der damaligen Zeit beworben wurde.

Die Jungs in meiner Schule rissen mir die Herrenkleidung aus den Händen und sofern sie eine Freundin hatten, durfte ich auch hier die passende Miederware vorschlagen. Die Mädchen und auch Frauen waren beeindruckt von meiner Beratung und legten ihre zunächst schüchterne und zurückhaltende Art schnell ab. Denn nirgends konnten sie so bequem und schnell Spitzenmieder zu einem so günstigen Preis erwerben. Die Berufsschüler ließen schnell alle Ressentiments fallen und ich war in aller Munde. So gingen Damen-BHs und Höschen mit und ohne Spitze, in weiß, rot, schwarz und anderen Farben, breit oder sexy, mit oder ohne Bügel, sportlich, elegant oder verführerisch über die „Ladentheke“ (Parkbank in der Schule). An Langeweile, zumindest in den zwei Tagen der Berufsschule, mangelte es mir nicht.

o

Sehnlichst wünschte ich mir in der praktischen Ausbildung die nächste Abteilung her, besonders die kaufmännische, weil mir in der Berufsschule besonders das Fach Buchhaltung großen Spaß bereitete. Aber ich hatte die Rechnung ohne meinen Chef gemacht, der irgendwann zu mir in die Strumpfabteilung kam und das Gespräch suchte. „Meine Kollegen sind ja voll des Lobes über Ihr Organisationstalent, Ihre Neugierde und Persönlichkeit. Frau Müller aus der Strumpfabteilung wird demnächst in Rente gehen und für diesen Posten suchen wir einen Nachfolger. Auch wenn es ungewöhnlich ist, wurden Sie dafür vorgeschlagen und ich wollte mal fragen, ob Sie sich diesen Job zutrauen würden?“

Was sollte ich darauf nur antworten? Jeder andere wäre sehr geschmeichelt gewesen. Wenn dem Chef aber meine tatsächlichen Bedürfnisse bekannt gewesen wären, hätte er sofort gewusst, dass er mir mit seiner Anfrage und meiner „Beförderung" keine wirkliche Freude machen konnte. Dies hätte bedeutet, dass ich in der Strumpfabteilung irgendwann in den Ruhestand gegangen wäre (aus Langeweile oder altersbedingt). Und deshalb räumte ich mir etwas Bedenkzeit ein und sagte ihm, dass ich darüber nachdenken möchte und später eine Antwort geben werde.

Als der Chef gerade schon gehen wollte, drehte er sich nochmal um und stellte fest: „Ach so, die Buchhaltung hat mich über Ihre privaten Einkäufe informiert und ich war etwas erschrocken über die Rechnungssummen. Sie wissen schon, dass dies nur für private Zwecke erlaubt ist?"

Da gerade die Weihnachtszeit vor der Tür stand, antwortete ich nur: „Ich weiß, aber ich habe eine große Familie und es steht Weihnachten vor der Tür und da nehmen die Geschenke kurzfristig etwas zu."

Er drehte sich wieder um. Offensichtlich war er mit meiner Antwort zufrieden.

Die Antwort, die ich meinem Chef noch schuldete, gab ich gleich im neuen Jahr nach meinem Weihnachtsurlaub.

„Ich kann Ihr Angebot leider nicht annehmen und werde zum nächstmöglichen Zeitpunkt aus ihrem Unternehmen ausscheiden."

Ich hatte lange über diese Entscheidung nachgedacht, denn schließlich musste ich ein ziemlich lukratives Geschäft aufgeben, aber ich wusste, dass sich schnell ein neues ergeben würde, da war ich mir sicher. Als cleverer Fachberater mit ausgeprägten Marktkenntnissen wäre „Mann" nicht lange arbeitslos.

o

Heute gibt es weder die Groß- und Außenhandelsfirma noch den Ausbildungsberuf dazu, ach, wie schade!

Ach so, ich habe dann doch noch meinen Freunden nachgeeifert und trage heute den Titel Diplom-Kaufmann und so bin ich wenigstens Kaufmann geblieben.

Hätte mir mein Chef damals die Miederwarenabteilung angeboten, wäre mein beruflicher Lebensweg vielleicht anders verlaufen. Heute bin ich nur ein „langweiliger“ Steuerberater!

BEACH WAY

… mit dem Lockdown.

Es war bereits Mitte März und die Bundesregierung debattierte das erste Mal darüber, ob ein Lockdown die richtige strategische Entscheidung auf das sich mittlerweile stark verbreitende Coronavirus sei. Zu dieser Zeit stiegen die Ansteckungszahlen auch in Deutschland, aber im Vergleich zum restlichen Europa noch mäßig. Besonders Italien, Spanien, Frankreich und Österreich hatten mit hohen Ansteckungs- und Sterberaten und der Überlastung des Gesundheitssystems zu kämpfen. Wir dachten noch, Deutschland würde es nicht so hart treffen, denn unser Gesundheitssystem war schließlich das beste auf der ganzen Welt. Die USA und ihr Präsident waren noch im Tiefschlaf und machten weiter wie bisher. Ein Schuldiger war schnell gefunden und China wurde zum Buhmann erklärt.

Durch das erst zögerliche Verhalten der Bundesregierung waren die Deutschen noch nicht so recht auf das, was noch kommen sollte, eingestellt, weder moralisch, psychisch noch physisch und alles lief seinen gewohnten Gang. Die Atemmasken in den Gesichtern der Asiaten belächelte man und nahm die Sache noch nicht sooo ernst … und auch unsere Familie gehörte zunächst dazu.

o

Ich wusste, dass in nächster Zeit mein Auto-Leasingvertrag auslaufen würde und schaute mich schon nach einem geeigneten Nachfolgefahrzeug um, ohne Zeitstress, aber nach Angeboten zu schauen, konnte ja nicht schaden.

Bei Mercedes wurde gerade der Black Sale-Superdeal ausgerufen und ich fand es eine Superidee, mir meine kleine Tochter zu schnappen und durch die riesige Mercedesautowelt am Salzufer zu schlendern. ***(2. Das Salzufer in Berlin-Tiergarten)***

Dort gab es auch eine Kindererlebniswelt, falls dem Kind dann doch langweilig werden sollte. Meine Frau und unsere älteste Tochter konnte ich dafür nicht begeistern, weil sie mit Autos nicht wirklich was am Hut hatten. *„Die Karre muss einfach nur fahren."*

Ganz im Gegenteil dazu hatte unsere kleine Tochter Eve die Gene ihres Vaters geerbt und erkannte sogar am Motorgeräusch eines Autos die entsprechende Marke, erst recht, wenn es ein Boxermotor war. *(Der Boxermotor hat ein ganz besonderes Motorengeräusch, weil er auf eine Wasserkühlung des Motors verzichtet. Dieser Motor wurde von Ferdinand Porsche entwickelt, ist einfach und anspruchslos und wurde seither im VW-Käfer und Porsche 911 verbaut und erreicht eine unglaubliche Laufleistung)*. Ich hatte in der Vergangenheit schon öfter darüber nachgedacht, Eve bei „*Wetten dass…?*" anzumelden, wenn es diese Sendung noch gegeben hätte.

Unsere kleine Tochter wurde sozusagen mit Benzin im Blut geboren, denn als sie 2012 zur Welt kam, gründeten wir gerade die Oldie Käfer Tour Berlin *(OKTB)*. Als Gegenstück zur „*Trabi-Safari*" wollten wir den Berlin-Touristen die Möglichkeit verschaffen, mit einem alten VW-Käfer unsere spannende Stadt zu erkunden, und dies als Selbstfahrer am Steuer dieses „Wirtschaftswunders".

Zu diesem Zweck hatten wir bundesweit begonnen, alle möglichen Baujahre und Modelle eines VW-Käfers einzukaufen und sogar einen alten VW-Bus T2 – auch „*VW-Bulli*" genannt – von 1969 *(für die Touristen, die keinen Führerschein besaßen)*. So standen im Europacenter 15 Käfer aus allen Baujahren und in vielen Farben, sogar ein VW-Käfer 1303 Cabrio und ein VW-Kübel (W181). ***(3. Das Europa-Center)***

Schon in dieser Zeit blieb uns, der Mama und dem Papa, oft nichts anderes übrig, als unser Baby in einem Maxi-Cosi durch Deutschland zu chauffieren, weil wir immer gemeinsam mit einem Auto zu dem Objekt der Begierde fuhren, um dann wieder mit zwei Fahrzeugen nach Berlin zurückzukehren, unsere Tochter immer auf der Sitzbank des einen oder anderen Autos. Unsere ältere Tochter war noch nicht alt genug, um die Verantwortung des Aufpassens zu übernehmen.

Als die *OKTB* dann richtig ins Rollen kam und der Papa oft die Rolle des Guides übernahm, im Führungsauto sitzend und über Funk mit den folgenden Käfern verbunden, und die vorüberziehenden Sehenswürdigkeiten erklärte, saß unsere Tochter zwischen Touristen aus der ganzen Welt: Europäer, Asiaten, Amerikaner u.v.m. Das erste Führungsfahrzeug war oft der VW-Bulli und vielleicht wird sich später noch herausstellen, dass

Eve dadurch auch ein Sprachtalent aus dieser Zeit entwickeln wird.

Darüber hinaus wurde der Papa schon in Studentenzeiten vom Oldtimervirus infiziert und in unserer Garage standen immer hochglänzende, gut gepflegte, aber alte Autos der verschiedensten Marken, Inländer wie Ausländer.

o

Von weitem sahen wir schon die großen Werbebanner an den Schaufenstern mit den Superangeboten von Mercedes-*"Autos"*. Mit Eintritt in die große Halle der sogenannten Mercedes-Welt konnte man einfach eine Art Schnecke immer weiter nach oben spazieren. ***(4. Die Mercedes- Welt Berlin)***

Auf dem Weg nach oben wurden dann die verschiedenen Modellreihen präsentiert. Alle Fahrzeuge konnten besichtigt werden, die Türen standen offen und man konnte sich auch in den Fond oder hinters Lenkrad setzen. Es roch dezent nach Leder, Gummireifen und Öl, nicht wie in einer Schrauberwerkstatt, sondern auf einem ganz anderen Niveau.

Die kleinen Modelle interessierten Eve nicht wirklich, obwohl ich eher nach einem solchen Ausschau hielt. Zuerst kamen die großen SUVs mit Vollausstattung und irgendwann musste ich meine Tochter drängeln, weiterzugehen, weil ich ständig der Mama Bilder mit unserer Tochter hinter dem Steuer des einen oder anderen Mercedes senden musste. Irgendwann, gefühlt nach Stunden, kamen wir ganz oben in der Abteilung Sportwagen an. Als der erste AMG GT zu sehen war, rannte Eve vor, doch diese Fahrzeuge waren alle verschlossen. Das hing ziemlich sicher mit den Preisschildern zusammen, die so viele Nullen hatten, dass selbst Eve (in der dritten Klasse) mit diesen Zahlen nichts anfangen konnte.

„Sind die teuer, Papa? Das ist genau das richtige Auto für dich! Warum kann man sich da nicht reinsetzen?"

Als ich gerade sagen wollte, dass diese Fahrzeuge etwas zu teuer wären, kam schon eine charmante und ziemlich attraktive Art „Stewardess" auf uns zu. Eve, ganz frech und einen verschmitzten Gesichtsausdruck aufsetzend, fragte sofort:

„Kann sich mein Papa da mal reinsetzen? Der sucht nämlich ein Auto!"

Da ich meine Tochter ja kannte, war mir die Szene nicht wirklich unangenehm. Ganz im Gegenteil konnte ich ein bisschen flirten, lächelte nur und so flog die Zentralverriegelung auf und die Türen öffneten sich von Geisterhand. Ich sagte noch: „Bitte pass ein bisschen auf", aber Eve saß schon am Steuer eines Mercedes GT AMG Cabrios mit brauner Lederausstattung. Die „Stewardess" beobachte die Szene, als Eve fragte: „Was kostet denn der Rennwagen?"

Die Verkäuferin und auch ich mussten lächeln, denn mit der Preisansage konnte Eve nicht wirklich was anfangen.

Jetzt wurde es langsam Zeit, den Rückweg anzutreten. Wir bedanken uns bei der charmanten Mercedes-Verkäuferin und nahmen diesmal den Fahrstuhl nach unten. Ich war von so vielen Autos total erschlagen und schaute auf die Uhr. Es waren tatsächlich bereits drei Stunden vergangen, Zeit zum Aufbruch.

o

Als wir wieder in unserem eigenen „bescheidenen" Auto saßen, fragte ich meine Tochter, ob sie Hunger hätte. Natürlich war die Antwort klar und ich startete den Motor.

Da hatte ich zum Abschluss noch eine gute Idee und wollte Eve damit überraschen. Nicht weit von der Mercedeswelt war die *„Classic-Remise"* in Berlin-Moabit und ich wusste, dass es dort nicht nur Oldtimer gab, sondern auch fette, große Hamburger mit Pommes-Frites, Ketchup und Mayo (der Berliner sagt: *„Pommes Rot-Weiß")*. **(5. *Die Classic-Remise in Berlin Moabit)***

Vor der schönen, alten und riesigen Halle, in der früher die BVG- (Berliner Verkehrs-Betriebe) Busse untergebracht waren, fanden wir einen Parkplatz und Eve war nicht wirklich überrascht. Diesen magischen Ort und die Hamburger kannte sie bereits, also stürzten wir uns ins Vergnügen.

Hier roch es auch wieder nach Motoröl, Leder und Gummi, aber auf eine völlig andere Art und Weise. Mit diesem Geruch in der Nase konnte *„Mann"* nicht anders, als dann auch mal nach rechts und links zu schauen. Eigentlich wollte ich mich nicht wirklich verführen lassen, denn ich hatte unsere Garagen voll mit „altem Blech“, wurde immer älter und dachte tatsächlich über eine Veränderung bzw. Reduzierung dieser „Verantwortung“ nach. Ich wusste schon manchmal nicht mehr, welches Fahrzeug zum TÜV musste oder neues Motoröl brauchte, naja, Luxusprobleme!

Wir bestellten Hamburger „to go“ und schlenderten mit den Burgern in der Hand durch die Halle, nach links und rechts schauend, überall alte schöne Autos aller Marken. Die meisten in einem Topzustand und einige auch mit Verkaufsschildern versehen. Eve war auch schon etwas müde und deshalb hielten sich ihre Emotionen und Fragen diesmal in Grenzen, da hatte ich Glück.

Wir waren schon am Ausgang angekommen und auf einmal rief meine Tochter ganz laut: „Papa, da steht ein VW-Bulli, mit dem sind wir damals mit den Chinesen durch die Stadt gefahren.“

Sie meinte die OKTB und den T2 VW-Bus als Führungsfahrzeug. Die „*Oldie Käfer Tour Berlin*“ gab es zu dieser Zeit schon lange nicht mehr, bzw. hatten wir diese an Investoren vor einiger Zeit verkauft. Dass sie sich daran erinnern konnte, wunderte mich aber nicht wirklich.

Ich schaute auf den Finger meiner Tochter, der in Richtung eines orangen VW Busses T2a/b Westfalia-Camper mit Aufstelldach aus dem Jahr 1972 (so das Verkaufsschild am Bulli)) zeigte.

Ich war zunächst von dem Preis überrascht, der zwar anspruchsvoll erschien, aber ich kannte auch andere Preise für diese seltenen Busse. Dieser hier war in einem TOP-Zustand und auch die Innenausstattung so gut wie nicht abgenutzt. Insgesamt machte der T2 einen soliden Eindruck und besonders seine Farbe Orange hatte mich in den Bann gezogen. Orange ist nämlich die Farbe meines Firmenlogos und ganz nebenbei meine Lieblingsfarbe.

Da rief die Mama über Handy an und wir mussten im Sauseschritt nach Hause, da schon das Abendessen auf dem Tisch stand.

o

Nach drei Nächten unruhigen Schlafes wusste ich auf einmal, welche Gedanken mich nicht mehr schlafen ließen. Meine Frau hatte mir absolutes Kaufverbot für alte Autos erteilt und ich stimmte ihr auch zu, dass dies mittlerweile eher eine Belastung als eine Freude war.

Heimlich erkundigte ich mich dann doch bei dem Verkäufer des Hippie-Busses nach den Bedingungen und dachte mir: *Ich habe nichts zu verlieren. Wenn er sich auf eine Inzahlungnahme einlässt und meine Oldies gegen den T2-Bus tauscht, bin ich sofort bereit für diesen Deal.*

Ich hätte weniger Autos, weniger Blech und weniger Stress und der Bus würde viel besser in unsere Lebensplanung passen. Denn wir hatten schließlich Corona und in Zeiten von Einschränkungen war es nicht möglich, Urlaub zu planen. So wären wir mobil und konnten flexibel fahren, wohin wir auch immer wollten.

Die Bedingungen stimmten und obwohl der Verkäufer mir noch etwas Geld in die Hände hätte drücken müssen *(meine Frau sagt immer: „Wenn man von dir ein Auto kauft, dann freut sich der Käufer“)*, ließ ich mich auf den „Tausch“ ein und zahlte noch etwas oben drauf.

Hier ging es mir ausschließlich um die Vernunft (*wenn „Mann“ dies so beschreiben kann*) und solche Entscheidungen wurden von mir schon immer ausschließlich aus dem Bauch heraus und allein getroffen. Die Zuzahlung störte mich in diesem Fall also nicht wirklich. Meine Familie wusste von nichts!

Als ich den Bulli dann irgendwann abholen durfte und auf unser Grundstück vor die Eingangstür vorfuhr, stand meine Familie natürlich etwas staunend und mit großen Augen vor dem orangen Bus und meine Frau sagte: „Schatz, du weißt, was wir besprochen hatten?"

Meine Antwort: „Mein neues Leasing-Fahrzeug!"

Heute steht der Bus mit großen Aufklebern, *„Hippie-Deluxe"*, an den Seiten bei uns zu Hause.

Trotz der ernst zu nehmenden Zeit und abgesagter Urlaube erlebten wir so noch einen aufregenden und wunderschönen Sommer.

Aber vielleicht genau deshalb!

... dem Mofa-Führerschein.

Ich lief schon einige Zeit mit meiner „neuen“ schwarzen Motorradlederjacke mit abgesetzten weißen Schulterpostern durch die Gegend und fand mich total angesagt.

Ich hatte dieses „Schmuckstück“ von dem Sohn (Jürgen) meiner Tante geschenkt bekommen, der sich irgendwann altersbedingt von seinem Lieblingsstück trennen musste, und durfte diese nun weiter abtragen. Anderen Jugendlichen wäre dies vermutlich eher peinlich gewesen, aber ich war immer glücklich über die Ausmusterungen von Jürgen, weil sich diese Kleidungsstücke erheblich von denen bei C&A unterschieden, die ich als Kind immer zusammen mit meiner Oma dort kaufen musste. *„Dies war wirklich peinlich“*.

Zum anderen war es zu dieser Zeit völlig normal, gebrauchte Kleidung innerhalb der Familie weiterzugeben, dazu brauchte es in den 70er Jahren keine Secondhandläden und heute sind diese Vintage-Klamotten sogar mehr als angesagt. Ohne es zu wissen, war ich also damals schon ein Vorreiter und damit auch ziemlich cool.

o

In der Schule kamen gerade die ersten Mitschüler, gesponsert von ihren Eltern, mit ihren neuen schicken Mopeds vorgefahren, die sie dann direkt vor dem Eingang präsent und lässig abstellten. Ich besuchte eine Privatschule in Berlin-Dahlem, die dem Sprössling (dem Erstgeborenen) damals die Möglichkeit bot, mit einer Realschulempfehlung auf das Gymnasium zu wechseln, wenn die Noten es denn irgendwann erlaubten.

Das Abitur war immer eines der großen Wünsche meiner Großeltern, denn bisher hatte niemand in unserer Familie dies geschafft. So wurde „mein" Schulgeld deshalb von allen Familienmitglieder gemeinsam aufgebracht. Meine Großeltern sponserten 100 DM, meine Mutter 50 DM, genauso wie meine Tante und mein Onkel, und so konnten wir immer am Ende eines Monats, pünktlich die notwendige Überweisung an den Direktor vornehmen. ***(6. Die Luisenstiftung in Berlin-Dahlem)***

Die Firma Honda hatte gerade ein neues revolutionäres Kleinkraftrad auf den Markt gebracht. Die PX 50 hatte einen Elektrostarter, eine Doppelsitzbank, ein cooles Design in rot, weiß und schwarz mit Rallyestreifen und unterschied sich wesentlich von allen anderen Mopeds dieser Zeit. Die Honda-PX sah schon wie ein richtiges kleines Motorrad aus und nicht wie alle anderen Modelle zu dieser Zeit wie ein Fahrrad mit Hilfsmotor (auch genannt: Mofa).

Diesen Traum, oder etwas in diese Richtung, wollte ich mir irgendwann auch erfüllen. Denn schließlich hatte ich bereits begonnen, mein Taschengeld mit Aushilfsjobs aufzubessern. In der Zwischenzeit sollte mich dieser Traum – und eben meine neue Motorradjacke – daran erinnern. Bis dahin musste ich geduldig bleiben und zusehen, wie meine Klassenkameraden von den Mädchen bewundert wurden, aber meine Zeit sollte noch kommen, da war ich mir ganz sicher.

So lag ich ständig meiner Mutter in den Ohren, den Mofa-Führerschein machen zu wollen und ob sie mir nicht etwas zu einem passenden Moped dazugeben könnte. „Mein Sohn, du weißt doch wie teuer bereits die Schule ist, und außerdem ist das Motorradfahren eine nicht ganz ungefährliche Sache.“

Na toll, dachte ich und hatte mir die Sache schon fast abgeschminkt.

o

Zu dieser Zeit ging ich noch regelmäßig im regionalen Schwimmverein Z88 in Zehlendorf trainieren. Ich hatte aufgrund meiner schlanken Figur und den langen Armen ein Talent mitbekommen und schwamm bereits im Leistungskader und wurde gefördert. Brust war meine Disziplin und ich konnte tatsächlich ordentliche Zeiten vorlegen. Aber wirklich cool war dies nun mal nicht, aber damit hatte ich mich schon abgefunden. ***(7. Der Verein Z 88 in Berlin-Zehlendorf)***

Wenn es die Gelegenheit ergab, holte mich meine Mutter nach dem Training ab, worüber ich mich immer freute, weil ich mich dann nicht an die Bushaltestelle stellen musste. Der rote VW-Käfer wartete bereits auf dem Parkplatz vor der Halle und ich setzte mich auf den Beifahrersitz, wie immer mit meiner Motorradjacke an.

o

Als meine Mutter auf dem Weg Richtung Heimat in eine kleine Seitenstraße einbog, bremste sie abrupt mit quietschenden Reifen und schaute rechts zu mir rüber. Ich erschrak zunächst und dachte, sie wäre einem Tier ausgewichen. Ich staunte nicht schlecht, als sie einfach fragte: „So, mein Sohn, wenn du mir jetzt versprichst, dass du dich von deinem Traum verabschiedest, zeige ich dir, wie spannend auch das Autofahren sein kann. Es sind ja nur noch zwei Jahre und dann kannst du schon mit dem Autoführerschein anfangen. Was sagste?"

Ich verstand zunächst nicht genau, was sie meinte, aber als sie die Fahrertür öffnete, ausstieg und auf meine Seite wechselte, dämmerte es mir, was sie vorhatte. Sie öffnete die Beifahrertür und befahl mir, mich hinters Steuer zu setzen, natürlich mit der Ansage, mich anzuschnallen.

Wir standen immer noch in der nur schwach beleuchteten Seitenstraße irgendwo in Zehlendorf und sie erklärte mir in aller Ruhe das Zusammenspiel von Kupplung, Gasgeben und Bremsen, das Lenken natürlich nicht vergessen. Mir ging der Arsch auf Grundeis, ich wollte mir dies aber mit meiner coolen Lederjacke nicht anmerken lassen und so startete ich mit ersten Anfahrtsversuchen den Wagen. Nachdem ich den Käfer einige Male abgewürgt hatte, polterte dieser dann irgendwann vorwärts. Meine Mutter griff ab und an ins Steuer, aber irgendwie bewegte sich das Auto tatsächlich und auch immer sanfter geradeaus. Die erste Herausforderung leuchtete schon in Form einer ersten Ampel vor mir. Noch ohne das richtige Gefühl für das Bremspedal schleuderte es uns angeschnallt Richtung Windschutzscheibe. Ich hörte nur: „Sachte“, und mein Puls war auf Vollanschlag. Das Adrenalin schoss in meinen Körper und langsam kam ich mir vor wie James Dean und legte auch mal locker den linken Arm auf der Fensterkante ab.

„Meine Mutter hatte vielleicht Recht, Autofahren war sicherlich genauso spannend und abenteuerlich und auch viel bequemer, als allein mit einem Mofa durch die Gegend zu fahren.“

Navigierend durch meine Mutter, bogen wir dann auch irgendwann in unsere kleine Straße zur Siedlung ein, noch ein paar hundert Meter und ich konnte den Motor abstellen und mein „Glück“ nicht fassen.

Ich wurde etwas nervös, weil hinter uns die Scheinwerfer eines auch einfahrenden Autos strahlten, aber meine Mutter sagte nur: „Ruhig jetzt, hier rechts langsam reinfahren."

Gesagt, getan, parkte ich wohl oder übel den Käfer ein, drehte den Zündschlüssel und übergab diesen meiner Mutter auf dem Beifahrersitz.

Wir stiegen beide aus und schauten nach hinten, wo uns immer noch die Scheinwerfer des folgendes Autos anstrahlten. Im Lichtschatten konnte man erkennen, dass auch dort die Türen geöffnet wurden und zwei Personen ausstiegen und auf uns zukamen.

„Juten Tag, könnten wir bitte mal die Fahrzeugpapiere und den Führerschein sehen!" Zwei Kriminalbeamte zeigten uns ihren Ausweis und Marke und schon wieder ging mir der Arsch auf Grundeis. Ich stand nur wie gelähmt, eisgefroren und starr da. Mir blieb die Spucke weg, ich konnte weder ein Wort noch eine Geste herausbringen.

Meine Mutter hingegen blieb ganz cool: „Guten Abend, meine Herren, womit können wir ihnen denn helfen?"

Der eine Beamte im Alter meiner Mutter, Oberhauptkommissar und viel lässiger als sein älterer und pflichtbewusster Kollege mit Oberlippenbart, ging freudig schmunzelnd auf meine Mutter zu und fragte nur: „Ihr Rücklicht hat einen Wackelkontakt und …?“

Meine Mutter wusste genau, was jetzt noch kommen würde und ging sofort in die Offensive.

Sie sei die besorgte Mutter eines pubertierenden Sohnes, der unbedingt den Mofa-Führerschein machen wollte, was man ja auch schon an der Motorradjacke erkenne, und sie wüsste ja, wie gefährlich dies wäre und sie wollte ihm das unbedingt ausreden.

Da sie ja nicht genau wusste, wie lange die Beamten schon die Verfolgungsjagd aufgenommen hatten, pokerte sie nunmehr und sagte nur: „Und da hab ich einfach meinen Sohn am Anfang der Privatstraße aufgefordert, das Steuer zu übernehmen und so hat er uns das letzte kurze Stück nach Hause gefahren.“

Ich stand immer noch erstarrt neben dem Käfer, der jüngere Beamte musste nach der Geschichte meiner Mutter noch mehr schmunzeln (ich hatte sogar den Eindruck er flirtete mit ihr), doch sein Kollege polterte dann mit den verletzten Vorschriften raus und wie unverantwortlich dieses

Verhalten sei und, und, und … und dass dies einen Führerscheinentzug und sogar eine deftige Strafe mit sich bringen würde.

Da hielt es meine Mutter für eine gute Idee, den jüngeren Kollegen zur Seite zu ziehen und ihm tief in die Augen blickend zu erklären, dass sie als besorgte ***alleinerziehende*** Mutter keine andere Möglichkeit sah, ihren Sohn vom Gegenteil zu überzeugen und sie natürlich gewusst habe, dass sie gegen sämtlich Vorschriften der Straßenverkehrsordnung verstoße, aber manchmal müsse man einfach nur das richtige Mittel zum Zweck finden.

„Junge Frau, ich weiß genau, wovon Sie sprechen, auch ich habe eine pubertierende Tochter zu Hause und auch mir fehlen oft die richtigen Argumente. Aber da gibt es nun mal Vorschriften und mein Kollege ist noch von der alten Garde. Wenn Sie mir versprechen, so etwas nie wieder zu machen, werde ich ihn überzeugen, dass wir hier von einer Strafe absehen, denn ich sehe ja, wie schockiert Ihr Sohn dreinschaut. Ich denke, dies ist Strafe genug.“

Ja, das waren die 70er Jahre und zu dieser Zeit waren ein solcher Vorfall und die passenden Vorschriften noch Auslegungssache.

o

Nun konnte ich zumindest behaupten, schon vor allen anderen Klassenkameraden Autogefahren zu sein, und stand mit dieser Geschichte auch im Mittelpunkt der staunenden Mädchen. Tatsächlich ließ ich den Mofa-Führerschein aus und machte genau am Tag meines achtzehnten Geburtstages den Auto- und Motorradführerschein zusammen.

Und da ich mir zu diesem Zeitpunkt auch kein Auto leisten konnte, aber das inzwischen Angesparte reichte, ein Zweirad zu kaufen, dachte ich mir: *Mainstream ist langweilig* und kaufte mir eine französische Velosolex mit Klappmotor und echtem Hippie-Feeling. Mit diesem ungewöhnlichen Gefährt stand ich dann im Mittelpunkt meiner Klassenkameraden, auch der Mädchen, die inzwischen von ihren Eltern weiße Golf Cabrios geschenkt bekommen hatten.

o

Als meine Mutter ein halbes Jahr später auf die Polizeiwache an der Krumme Lanke musste, um ihren Personalausweis zu verlängern, wollte es der Zufall, dass ihr dort der lässige Oberhauptkommissar auf dem Gang entgegenkam, der sie prompt zu einem „romantischen“ Abendessen einlud. Nein, er wurde nicht mein neuer Stiefvater!

Meinem Bruder zum 50. Geburtstag gewidmet!

EINFACH.
FÜR ALLE.
DER RUNDFUNKBEITRAG

… dem Rundfunkbeitrag.

Es wurde Zeit, mir eine eigene kleine Wohnung zu suchen. Zu Hause bei meiner Mutter und ihrem neuen Ehemann (also meinem Stiefvater) wurde es irgendwann einfach zu eng. Räumlich zu eng, weil meine Mutter noch einmal schwanger wurde und uns beiden Brüdern noch ein weiteres Brüderchen bescherte (sie konnte nur Jungs) und menschlich, weil ich dringend Raum für meine eigene persönliche Entfaltung suchte.

o

So wollte es der Zufall, dass mein Stiefvater beste Kontakte zu dem Direktor des damaligen Königswarter Krankenhauses in Berlin-Lichterfelde hatte. Er rief ihn einfach an und erzählte ihm von unserem Familienproblem und dass der Junge raus musste. **(8. *Berlin-Lichterfelde)***

Wenig später hatte ich am Ostpreußendamm/Königsbergerstraße einen Besichtigungstermin für eine kleine Einzimmerwohnung (im Osten sagte man dazu Einraumwohnung). Ganz aufgeregt stand ich pünktlich auf dem Gelände des Krankenhausschwesterheims des Königswarter Krankenhauses. In nächster Umgebung zum Krankenhaus konnten dort die Angestellten des Krankenhauses in drei kleinen Wohnblöcken (Hausnummern 158, 158a und 158b) 1- und 1,5-Zimmer Wohnungen anmieten. Als „Fremder" war ich also eine echte Ausnahme. Bewohnt war die Anlage überwiegend von *(hübschen)* Krankenschwestern, was ja nie schaden konnte, wenn „Mann" mal krank werden würde. Der Hausmeister öffnete die Wohnungstür im dritten Stock der Nummer 158b. Eine lichtdurchflutete 30qm kleine, oder aus Sicht des Betrachters große Wohnung wurde meine neue, eigene und erste Wohnadresse in meinem Leben. Es war ausreichend Platz für Entfaltung und Wohnideen und so richtete ich mir den einzigen Raum gemütlich, aber auch funktional ein, denn schließlich musste ich dort von nun an wohnen und schlafen zugleich. In einer kleinen Pantryküche lernte ich schnell die Tricks einer Selbstversorgung und so startete ich von dort aus in neue Abenteuer.

Der *Aldi*-Discounter war nicht weit und die dann später besuchte Freie Universität genauso wenig. Alles konnte bequem mit meinem damaligen Vespa-Roller erledigt werden, die Lebensmittel und Klorollen wurden einfach in einem Karton zwischen meinen Füßen transportiert, jede Woche, Sommer wie Winter.

o

Trotz dieser Ablenkung und Routine sehnte ich mich irgendwann wieder nach Spaß, Aufregung und Geselligkeit und so beschloss ich zu einer Art Einweihungsparty einzuladen. Aus meiner Vergangenheit hatte ich einige Erfahrungen mit Veranstaltungen und Partys gehabt, aber die Reduzierung der Gäste auf 30qm fiel mir dann doch nicht ganz so leicht. Die richtige Auswahl der Gäste zu treffen, war eine echte Herausforderung. So bebte es dann auch an einem Samstag im Ostpreußendamm 158b. Natürlich blieb es nicht bei den eingeladenen Gästen, denn schließlich konnte ich nicht nein sagen, wenn sich die süßen Nachbarkrankenschwestern vorstellten und schließlich zum Feiern dazu gebeten wurden. So musste dann auch das erste Mal in meinem Leben die Polizei anrücken, mit der Androhung, die Musikanlage mitzunehmen, wenn der „verschollene“ Gastgeber nicht die Musik reduzieren würde.

Von da an wurde es zur Tradition, mindestens einmal im Jahr eine ausgelassene Party im Schwesternheim zu feiern und Veranstalter war natürlich immer nur ich.

o

So zog einige Zeit ins Land – mit Routine, Normalität und ohne weitere große Aufregung – bis …

In der Zwischenzeit hatte auch mein Bruder mir Gesellschaft geleistet, weil auch ihm bei „Mama" allmählich die Decke auf den Kopf fiel. Also wieder ein Anruf beim Direktor und wir nahmen diese Veränderung gleich zum Anlass, die „Hackordnung" einzuhalten. Ich nutzte die Chance und zog nur eine Tür weiter in eine freiwerdende etwas größere 1,5-Zimmerwohnung und mein Bruder bekam meine kleine 1-Zimmerwohnung. Nun standen schon zwei gleiche Familiennamen auf den Klingelschildern.

Mit dem Zuzug meines Bruders machte es dann auch wieder mehr Spaß, mit unseren Vespa-Rollern die notwendigen Einkäufe gemeinsam zu erledigen.

Ein Jahr war vergangen und die traditionelle Haus-Party stand an. Diesmal konnten wir ja mehr Gäste einladen, weil wir nun beide Wohnungen mit dem Hausflur dazwischen zusammenlegen konnten. Auch diesmal brannte die Luft am Ostpreußendamm 158b, ein Feuerwerk an Ausgelassenheit, wieder mit vielen, sehr viel mehr Gästen als tatsächlich eingeladen. Und auch wenn diesmal nicht die Polizei kam, stand dann mitten in der Nacht der Hausmeister, wohnhaft Hausnummer 158, vor der Tür. Da er sich aber nicht zum Mitfeiern überreden lassen wollte, mussten wir, wohl oder übel, die Gäste auf das nächste Jahr vertrösten und die Musik abschalten.

o

Inzwischen hatten wir mit dem Studium der Betriebswirtschaft an der Freien Universität Berlin (FU) in der Garystraße in Berlin-Dahlem begonnen. Jeden Morgen starteten mein Bruder und ich unsere getunten Vespas und fuhren, völlig unabhängig von der Wetterlage, gemeinsam in die Uni. In den Wintermonaten packten wir uns mehrschichtig ein und sahen aus wie Eskimos auf unseren „Schneerollern". Weil so viele Kleidungsstücke nicht in einen bzw. zwei Spinde passten, besetzten wir immer gleich vier davon im Keller der Uni. **(9. *Die Freie Universität in Berlin-Dahlem*)**

o

Durch meine und unsere legendären Homepartys eilte der Ruf der Brüder schon voraus und so wie in der Fernsehwerbung von *„Indeed"*, wurden wir, an Stelle der „Ingrid" auf freie Wohnungen in „unserem" Krankenhausschwesternheim angesprochen.

Inzwischen konnte ich auch direkt persönlichen Kontakt zum Direktor aufnehmen und so den kurzen Weg wählen, wenn ein neuer Bewerber eine Wohnung bei mir anfragte. Allmählich wurde aus dem Schwesternheim ein Studentenheim. Nach und nach brachten wir unsere Freunde dort unter. Chris, mit dem ich gerade eine abenteuerliche und ausgedehnte Amerikatour mit einem alten 1964er Ford Galaxie hinter mir hatte, bekam eine 1-Zimmerwohnung in der Nummer 158a im Erdgeschoss, Uwe zog in den zweiten Stock in unser Haus 158b. Wir hielten es für eine gute Idee, auch einen weiblichen „Wohnungsmitgenossen" aufzunehmen und so zog unsere Kommilitonin Tania auf unsere Etage auch in die 158b.

Da wir nun fast den ganzen Wohnblock angemietet hatten, können Sie sich vorstellen, wie ausgelassen die anstehenden Partys ausfielen. Warum auch immer (vielleicht weil keiner sich mehr traute), kam weder die Polizei noch der Hausmeister und zwangen uns, die Musikanlage abzustellen.

o

Mein Bruder ist vier Jahre jünger als ich und war noch in der Pflicht, dem deutschen Staat gegenüber seinen Wehrdienst zu leisten. Dieses Damoklesschwert lag schwer über unserer Familie und besonders über meinem Bruder und er versuchte alles, dieser Plicht zu entgehen. Er ignorierte sämtliche Post und Einladungen zu diesem Thema und glänzte mit ständiger Abwesenheit. Irgendwann standen dann die Feldjäger vor den namensgleichen Klingelschildern der Nummer 158b und wussten natürlich nicht, welcher der Brüder nun der richtige sei. Ich war natürlich vorgewarnt worden und als es klingelte, drückte ich unverhofft den Haustürsummer. Ich staunte nicht schlecht, als die Soldaten mich aufforderten, sofort alle Sachen zu packen und zur Einberufung zu folgen. Und diesmal musste, bewusst von mir gerufen, wieder die Polizei kommen, um die „Namensverwechselung“ aufzuklären und zu bestätigen, dass ich meinen Bruder schon lange nicht mehr gesehen hatte und auch nicht wüsste, wo sich dieser aufhalten würde. Von nun an war also Vorsicht geboten.

o

Eines Abends saßen wir alle, also die Hausbewohner der 158a und b gemeinsam in meiner Wohnung zu einem gemütlichen Kinoabend, weil ich nicht nur die größte Wohnung, sondern auch den größten Fernseher hatte. Irgendwann kreiste dann zu dem Film „Pee-Wee's (Hermans) irre Abenteuer“ ein großer Joint und so stellte sich naturbedingt irgendwann eine große Fresssucht ein. Es musste sofort der Pizzaservice gerufen werden, der dann auch irgendwann klingelte, bevor ich dem Pizzamann noch die Pizzas an der Tür abnahm. Dieser Film konnte nur mit der entsprechenden Benebelung „ertragen“ werden und so dauerte es nicht lange, tatsächlich ein zweites Mal den Pizzaservice zu rufen. Als es spät am Abend also ein zweites Mal klingelte, war niemand mehr in der Lage, den mutmaßlichen Pizzamann zu empfangen. Ich konnte gerade noch so den Türsummer drücken und die Wohnungstür öffnen, um mich dann wieder in die Couch zu lümmeln. Der Pizzamann wusste ja noch vom ersten Mal Bescheid.

So saßen alle gemeinsam, Chris, Uwe, Tania, mein Bruder und ich auf der Couch und kringelten uns vor Lachen und hatten schon fast den Pizzamann vergessen. Da stand auf einmal ein „fremder“ Mann in meiner Wohnung, zückte seinen Ausweis der GEZ (Gebühreneinzugszentrale für den Rundfunkbeitrag) und begrüßte unsere lustig lachende Runde mit folgenden Worten: „Schön, dass ich Sie hier alle gemeinsam antreffe.“ Offensichtlich kannte er uns alle, aber wir konnten mit seinem Gesicht nicht wirklich was anfangen. „Ich hatte Ihnen ja bereits mehrfach Aufforderungen zur Leistung des Beitrages in die Briefkästen eingelegt und Sie (es war Chris gemeint) sogar persönlich angetroffen.“

Chris wurde ganz verlegen und nun dämmerte es uns allen, woher wir diesen Mann kannten. Es war bestimmt schon einige Zeit her (wenn nicht sogar Jahre), dass wir auf die eine oder andere Art und Weise aufgefordert wurden, unseren Pflichten zur Zahlung des Rundfunkbeitrages nachzukommen. Bei all den Gästen in dieser Zeit hatten wir dies aber einfach vergessen oder einfach weiter ignoriert, denn: „Einem armen Studenten fasst man nicht ins Portemonnaie.“

Und so stand nun dieser Mann mitten in der Nacht in meiner Wohnung und machte uns folgenden Vorschlag: „Wenn Sie jetzt alle hier und jetzt unterschreiben, dann verzichte ich auf sämtliche Nachforderungen der Vergangenheit und die Sache ist sofort erledigt.“

Seither sind wir Mitglied der zahlenden Gemeinschaft und sorgen für eine anspruchsvolle Fernsehlandschaft der öffentlich-rechtlichen Sender.

Ausreden gibt es nicht mehr, denn wir gehen schließlich alle einer ordentlichen Beschäftigung nach!!!

Ach ja! Irgendwann gaben die Feldjäger die Suche nach meinem Bruder auf (oder war es vielleicht doch eine Gesetzesänderung?) und so verzichtete die Bundeswehr irgendwann auf seine Anwesenheit.

Ich glaube …, es hätte ihm ganz gut getan!

… dem fremden Mann im Bett.

Auf der Geburtstagsparty eines Freundes wurde mir diese entzückende, blonde und junge Immobilienmaklerin vorgestellt. Der Gastgeber wusste zwar, dass ich gerade in keiner wirklichen Beziehung stand, dass ich aber tatsächlich Ausschau nach einer neuen Frau an meiner Seite hielt, wusste tatsächlich nur ich selbst. Deshalb kam diese Gelegenheit genau zur richtigen Zeit. Darüber hinaus hatte ich auch gegen ihre schönen blauen Augen nichts einzuwenden.

Zu dieser Zeit war ich nicht wirklich einsam, einmal, weil ich gar nicht der Typ dafür und zweimal, weil ich ein angenehmer Begleiter für viele Lebenslagen war.

Das Gefühl „echter“ Einsamkeit kannte ich zu dieser Zeit nicht wirklich und trotzdem hatte ich gerade eine Erfahrung hinter mich gebracht, die mich darüber nachdenken ließ, in Sachen Beziehung etwas zu ändern.

Ich hatte mich gerade von einer „Art“ sehr guter Freundin getrennt und damit meine ich tatsächlich nur eine gute Freundin, keine Affäre oder keine Freundin plus. Für Männer schwer zu verstehen, muss ich deshalb eine „Art" Freundin näher erklären und dazu etwas in die Vergangenheit gehen. Daraus erklärt sich dann auch, in welchem Beziehungsstatus ich bis vor kurzem noch stand.

o

Tatsächlich auch auf einer Geburtstagsfeier eines guten Freundes langweilte ich mich gerade zu Tode, weil weder gute Stimmung aufkam noch interessante Gäste anwesend waren. Da klingelte es an der Eingangstür und eine sehr attraktive Frau schwebte förmlich in dieses Stillleben und vereinte die komplette Aufmerksamkeit aller Anwesenden. Ich saß auf der Couch und dachte zuerst *„wow"* und hoffte natürlich, dass ich diesem Wirbelwind mit langen blonden Haaren vorgestellt werden würde. Doch weder der Gastgeber noch der späte Gast nahmen Notiz von mir, zunächst. Also beobachtete ich eine Zeit lang weiter die Situation und als diese Frau irgendwann auch ziemlich gelangweilt auf den Balkon ging, um dort eine Zigarette zu rauchen, ergriff ich die Initiative.

Ich stellte mich neben sie und machte einfach nichts. Ich schwieg und schaute einfach auf die

Straße vor dem Haus. Irgendwann brach ich mein Schweigen und stellte fest: „Porsche 993 2S mit neustem Tiptronic-Getriebe und dann auch noch in Indy-Rot. Was für ein Auto!“

Sie drehte sich zu mir, betrachtete mein Profil, denn ich ignorierte sie weiter und da sagte sie: „Du kennst dich aber ziemlich gut mit Autos aus!“

Jetzt war es Zeit, mich zu ihr zu wenden, und ich antwortete nur: „Was für ein Männerauto.“

„Da hast du Recht, nur dass dieser Porsche von einer Frau gefahren wird“, war ihre Antwort.

Jetzt war ich tatsächlich ziemlich beeindruckt und musste kurz überlegen, welche Masche hier die richtige wäre, um diese Frau zu beeindrucken. Kurz kombiniert, wusste ich, die Machomasche hätte keine Chance, denn mutmaßlich hatte sie einen solchen zu Hause. Nein, ein selbstbewusstes Auftreten, aber mit einer gewissen Bescheidenheit und Zurückhaltung, gepaart mit etwas Ignoranz sollte sie neugierig machen.

So kamen wir in ein völlig ungezwungenes tolles Gespräch, wir vergaßen nicht nur die Zeit, sondern auch unsere Namen vorzustellen und als der Gastgeber zu uns kam und sagte „Feierabend“, schauten wir überrascht auf die Uhr. Wir mussten ohne Worte feststellen, dass aus einem zunächst langweiligen Abend ein begeistertes Kennenlernen wurde. Wir hatten nicht nur unendliche gemeinsame Gesprächsthemen, sondern konnten uns auch für die gleichen Leidenschaften begeistern. Natürlich spielte auch die Autowelt dabei eine große Rolle.

Ich versuchte, mit nicht zu viel Bewunderung zu reagieren und trotzdem immer etwas Schmeicheleinheiten zu geben. So wusste sie dann auch, was ich wo beruflich machte, und ich wusste nun, dass sie verheiratet war und am Stuhl ihres Ehemannes in den Mund von Patienten schaute.

Genau so endete unser doch noch aufregender Abend und wir verabschiedeten uns auf der Straße ohne jeden Hintergedanken und ohne jede Verabredung. Ich war Single und sie war verheiratet, da gab es nichts zu überlegen, nur zu ärgern.

Zuhause angekommen fiel ich sofort ins Bett und in einen wundervollen Traum. *Eine wunderschöne Fee mit langen goldenen Haaren in einer roten Kutsche schwebte über mir* – bis der Wecker klingelte.

Ich schaute in den Badezimmerspiegel, musste einfach lächeln und feststellen: *Was für ein außergewöhnliches Wochenende.* Diese Frau, deren Name ich nicht kannte, geisterte in meinem Kopf umher. Auf der einen Seite wollte ich meiner christlichen Erziehung folgen und die Sache einfach auf sich beruhen lassen, denn sich mit einer verheiraten Frau einzulassen, war sicherlich nicht im Sinne der katholischen Kirche. Auf der anderen Seite hatte diese Frau bestimmte Reize ausgesendet, die nicht einfach zu ignorieren waren.

Also musste ich das Geburtstagskind vom Vortag anrufen und mich für die tolle Party bedanken. So ganz nebenbei erfuhr ich dann auch den Namen der *Fee* und noch so einige Dinge, die noch hilfreich hätten sein können, wenn ich dies wollte. Das war alles!

o

Ich verbrachte eine normale Arbeitswoche im Büro und der Freitag war ohne irgendwelche Vorkommnisse schnell erreicht. Ganz im Gegenteil war ich sehr froh, dass diese Routine es nicht zuließ, auf „dumme“ Gedanken zu kommen oder Dingen hinterher zu hängen.

Meine männlichen Kollegen, wir saßen in einem Dreierzimmer, packten schon die Sachen zusammen. Ich wollte noch einen Fall abschließen und dann auch ins Wochenende starten.

Ich schaute konzentriert auf den Bildschirm und erst als mein schon stehender Kollege gegenüber sagte: „Hey, ich glaube die Frau da in dem Auto will zu dir!“, hob ich meinen Kopf.

Ich verstand zunächst nicht, was er meinte, aber als ich hoch schaute und ihn ansah, zeigte er auf die Straße. Ich drehte meinen Kopf nach rechts und da stand direkt vor dem Fenster mitten auf der kleinen Seitenstraße ein roter Porsche mit gesenkter Seitenscheibe und hupte.

Etwas perplex öffnete ich das Fenster, lehnte mich über das Fensterbrett und im gleichen Moment erkannte ich das Gesicht der schon vergessenen *Fee* vom Wochenende aus dem Seitenfenster ihres Porsches. Ich traute meinen Augen nicht: *Woher wusste sie, wo ich arbeitete?*

Ich hatte nicht viel Zeit, irgendwelche Gedanken zu sammeln, weil zum einen meine Kollegen nunmehr wissen wollten, wer denn diese attraktive

Porschefahrerin sei und ich es ziemlich eilig hatte, auf die Straße zu kommen.

An dem Männertraum angekommen, flog die Beifahrertür auf und wie ein Roboter gesteuert, setzte ich mich hypnotisiert ins Auto. Der Gang wurde eingelegt, mein Kopf in die Kopfstütze gedrückt und mit einem grollenden Auspuffgeräusch ging es nach vorne.

„Hi, worauf hast du Lust? Wollen wir zur Havelchaussee fahren und ein bisschen picknicken?“

(10. Die Havelchaussee)

Jetzt erst konnte ich mich der Fahrerin zuwenden und blieb immer noch etwas sprachlos. Die Situation und Spontanität überforderten mich, was wirklich selten oder vielleicht sogar noch nie vorgekommen war. Mein Herz klopfte ganz doll, ich hatte nicht viel Zeit zum Überlegen.

Ich holte tief Luft und antwortete einfach: „Dann fahr mal hier rechts auf die Tankstelle und ich besorg uns noch eine Flasche Champagner und Becher.“ Jetzt war wieder Gleichheit hergestellt und die Kommunikationsebene wieder ausgeglichen.

o

Von diesem Moment an verbrachten wir den schönsten Sommer, die spontanste und aufregendste Zeit, wie ich es bis zu der Begegnung dieser außergewöhnlichen Frau noch nie vorher erleben durfte.

Wir fühlten uns nicht nur wie *Bonnie und Clyde,* sondern wir erlebten dies auch. Wir unternahmen viele verrückte Dinge und Mutproben, vielleicht auch *vertretbare* illegale Herausforderungen, besuchten verbotene Orte, es offenbarten sich immer neue aufregende Abenteuer. Es war einfach eine unglaubliche, schwer zu beschreibende und zu verstehende Zeit und Zweisamkeit.

Ein verbotener und sehr geheimer Ort war und ist die amerikanische Abhörstation auf dem 120 Meter hohen Teufelsberg (Schutt- und Trümmerberg) in Berlin-Grunewald-Charlottenburg-Wilmersdorf nahe der Havelchaussee. Dieser sogenannte Lost-Place diente den Amerikanern zu Zeiten des Kalten Krieges dazu, die Tätigkeiten in der Sowjetunion abzuhören, und nannte sich Field Station Berlin. Zu diesem Zweck wurden auf einem Seitenplateau drei riesige weiße Kuppeln errichtet, eine davon auf einem höheren Turm, weit sichtbar über der Stadt. Unter diesen Kuppeln befanden sich die Technik und Radaranlagen, die zum Abhören notwendig waren. Nach Abzug der amerikanischen Streitkräfte aus Berlin wurde die Anlage von 1991 bis 1999 noch als Flugsicherungsradar genutzt, um dann dem Verfall ausgeliefert zu werden. Die Verbindung des Teufelsberges zum Militär begann bereits im Jahr 1940 mit dem Bau der Wehrtechnischen Fakultät. Mit der Aufgabe der Anlage ab 2000 wurde die Bausubstanz bis zum heutigen Zeitpunkt der Natur überlassen. Auch ein Sperrzaun konnte die Abenteurer und Neugierigen nicht aufhalten, dieses verbotene Gelände zu erkunden. So konnte man die Stahlkonstruktionen unter den Kuppeln erklettern und wie auf dem New Yorker Bild, wo die Bauarbeiter auf einem Stahlträger sitzen, einfach die Beine baumeln lassen und über die ganze Hauptstadt schauen. Heute dient das Gelände der vielfältigen Freizeitaktivitäten der Hauptstädter, wie Climbing, Mountainbiking usw. Ein Highlight war das Jahr 1986, als das erste und auch einzige Ski-Weltcuprennen in Berlin stattfand. Zu diesem Zweck verwandelten riesige Schneekanonen und

Raupenfahrzeuge die Rodelbergseite des Teufelsberges in ein weißes Skiparadies. Damals gewann Leonhard Stock den Parallelslalom, alle Berliner, insbesondere die Westberlinerinnen hatten auf Alberto Tomba aus Italien gewettet. Über ein besonderes Ereignis berichtete man in der Westberliner Partyszene immer noch. Die Werbeagentur „Die Brandenburgs" hatte es irgendwie geschafft, zum Anlass eines runden Geburtstages von Sven Brandenburg das gesamte Areal der Abhörkuppeln unter Beschlag zu nehmen und eine Art James-Bond-Geburtstagsparty zu veranstalten. Es wurde unter den Kuppeln über der Stadt mehrere Tage gefeiert und getanzt. ***(11. Der Teufelsberg)***

o

Jetzt fragt sich der Leser sicherlich: *Wie soll das zwischen einem Mann und einer Frau denn funktionieren – beide auch noch attraktiv und selbstbewusst – ohne sich dabei auch körperlich näher zu kommen oder zumindest Begierden zu entfachen?* Ich schwöre Ihnen: Natürlich hatte ich am Anfang mehr als einmal darüber nachgedacht, und es gab sicherlich mehr als nur einen passenden Zeitpunkt und Moment der Verführung, diese

Frau einfach in den Arm zu nehmen und auch darüber hinaus ...

Aber ich wusste gleichzeitig, und es kam später der Moment, wo ich es spürte, wenn dies passieren würde, wäre alles vorbei. Und irgendwann war mir diese besondere Beziehung auch so wichtig, dass ich auf keinen Fall irgendetwas aufs Spiel setzen oder den perfekten Zustand gefährden wollte.

Gleichzeitig musste ich mir aber irgendwann auch eingestehen, dass sich durch diese Beziehung und den Umgang eine Art Abhängigkeit einstellte. Ich hatte keine Chance mehr, irgendeine andere weibliche Person an mich heranzulassen. Es war wie eine Sucht. Es gab zu dieser Zeit für mich nur diese eine *verheiratete Porschefahrerin*. Bis zu dem folgenden Ereignis.

o

Wie so oft waren wir in meiner kleinen Einzimmerwohnung verabredet und wollten von dort in ein neues Abenteuer starten. Wir hatten es nicht eilig und als sie mir erzählte, Sie hätte in der nächsten Woche einen kleinen Modelljob, kam mir eine Idee.

Ich machte den Vorschlag, einen Beauty Day einzulegen und gemeinsam alle möglichen Schönheitsprodukte auszuprobieren. Ich war großer Fan von Gesichtsmasken und hatte da bereits alle möglichen Tinkturen und Rezepturen ausprobiert. Also rührte ich eine Mandel-Kieselerde-Honig-Joghurt-Quark-Feuchtigkeitscreme–Pampe zusammen und schälte dazu Gurkenscheiben. Wir machten es uns auf dem Bett gemütlich und ich forderte Bonnie auf, sich die Haare zu einem Zopf zu binden, sich zu entspannen, die Augen zu schließen und mich mal machen zu lassen.

Langsam, vorsichtig und zärtlich trug ich meine Wundermaske auf ihr Gesicht auf. Dazu musste ich ihr sehr nahekommen, sodass ich ihren Atem spürte und hörte. Gleichzeitig studierte ich jede Hautpartie und jedes Fältchen in ihrem Gesicht. Wie aus dem Nichts überkam mich ein unglaublich warmes, erotisches und sehr intimes Gefühl. Tatsächlich erschreckte ich förmlich über diese Reaktion und die Gefahr, die davon ausging.

Normalerweise würde „Mann“ und einvernehmlich „Frau“ in einer solchen intimen Situation und

Zweisamkeit einfach und ohne vieler Worte übereinander herfallen.

Ich suchte nach der Möglichkeit eines Ausweges und hielt es für das Beste, einfach mit meiner „Patientin“ zu sprechen. So sagte ich: „Ich würde dich jetzt unglaublich gerne küssen, auch wenn ich weiß, dass dies jetzt völlig unangebracht und total falsch wäre.“

Und als sie darauf antwortete, „ich auch“, brach bei mir plötzlich Panik aus. Es stieg ein ganz starker Fluchtinstinkt in mir auf und ich sprang ohne Worte einfach vom Bett.

Natürlich erschrak Bonnie bei meiner plötzlichen Reaktion, weil inzwischen auch die Gesichtsmaske getrocknet war, sich hart anfühlte und vom Gesicht bröckelte.

Ich konnte jetzt nicht reden, auch keine Worte fassen und so verließ sie still und leise meine Wohnung, nachdem sie noch die bröckelnde Maske mit Wasser entfernt hatte..

o

Dieser Vorfall lag nun schon einige Wochen zurück und seit dem Ereignis auf dem Bett hatte ich nichts mehr gehört und gesehen von Bonnie. Deshalb freute ich mich auch sehr über die Einladung zum Geburtstag eines Freundes. Ablenkung konnte auf keinen Fall schaden.

Und so kam es, dass nun diese attraktive Immobilienmaklerin vor mir stand. Es brauchte nicht lange, um gemeinsame Gesprächsthemen zu finden und sie überraschte mich sogar, weil Sie sich offensichtlich über mich schon informiert hatte. Sie wusste bereits, was ich beruflich machte, wo ich wohnte und wo ich gerne ausging. Wir stellten auch fest, dass wir trotz unseres Altersunterschiedes einige gemeinsame Bekannte hatten, und ich musste zugeben, dass nicht nur ihr entzückendes Lächeln, sondern auch ihre etwas burschikose Art mein Interesse festigte.

Wir lachten viel, wir lästerten über gemeinsame Erkenntnisse, wir flirteten, wir hatten einfach Spaß und die Zeit verging mal wieder wie im Flug, bis die Party aufgelöst wurde. Bisher hatten wir unseren *„Stehort"* noch nicht verlassen und als dann ihre Freundin, mit der sie gekommen war, zu uns kam, stellte sich die Frage nach der geeigneten Heimfahrt.

Jetzt kam mein strategischer Einsatz. Natürlich hatte sie erwartet, dass ich mich jetzt aufzwängen würde, sie nach Hause zu fahren. Da ich es aber erstens nicht eilig hatte und zweitens ihr wirkliches Interesse an meiner Person testen wollte, hielt ich mich mit einem Angebot dies zu übernehmen, zurück. Ihre Reaktion überraschte mich dann auch tatsächlich, als sie sagte: „Wenn du mich schon nicht nach Hause bringst, dann könnten wir doch morgen frühstücken gehen. Was hältst du davon?"

„Eine großartige Idee, was hältst du vom Café New York am Olivaer Platz. Da gibt es den besten Eiweißschock und das Frühstück ist super. Sagen wir, um 11.00 Uhr dort?"

Das Café New York am Olivaer Platz war einst der Treffpunkt aller Partysuchenden im ehemaligen Westberlin. Dort fand man sich ein, um in zweiter Spur seinen präsenten Wagen zu parken, einen schnellen Smalltalk zu halten und hoffentlich die angesagteste Party am Abend zu erfahren. So kam es oft vor, dass ein langer Autocorso voll mit Fahrgästen zu einem sehr überraschten Geburtstagskind fuhr, um die kleine Geburtstagspar-

ty zu „crashen", auch wenn es dieses Wort damals noch nicht gab. Vorweg fuhr dann oft ein alter Mercedes Strich 8, gesteuert von dem legendären Berthold (eine Art Rolf Eden der Partyszene). Das New York hatte die Funktion des heutigen Twitter und Facebook. An Sonntagen ging das Café seiner eigentlichen Funktion nach und servierte im Rahmen seiner ausgedehnten Frühstückskarte den weltbesten Eiweißschock der Stadt. Nach einer harten Nacht hatten sich das die Gäste auch mehr als verdient. Lange konnte das Café überleben, bis durch den Umbau des Olivaer Platzes der Autoverkehr eingeschränkt wurde und die faschen Besitzern den Laden übernahmen. ***(12. Berlin-Charlottenburg)***

So fuhr sie mit ihrer Freundin Richtung Heimat und jeder ging zunächst seiner Wege.

Von diesem Moment an – bzw. nach dem Frühstück am nächsten Tag – konnten wir unsere Finger und natürlich auch unser Interesse nicht mehr von dem anderen lassen. Wir verknallten uns mit allem Drum und Dran, liefen mit Herzchen in den Augen durch die Gegend und so wurden wir schnell ein richtiges Pärchen. Und so erstaunte es auch nicht unsere Familien, Umwelt und Freunde, dass wir schnell eine gemeinsame Wohnung in Zehlendorf bezogen.

Im Üben des gemeinsamen Umgangs blieb es natürlich nicht aus, dass wir uns auch von unseren Erfahrungen und über die eine oder andere Beziehung erzählten. In diesem Zusammenhang erwähnte ich natürlich auch mein besonderes Verhältnis und Freundschaft zu Bonnie und auch wenn ich seit unserem Abschied keinen Kontakt mehr zu ihr hatte, wollte ich hier nichts verschweigen und eine gewisse Klarheit auf den Tisch legen. Warum, sollte sich erst noch rausstellen.

o

So verging lange eine harmonische und aufregende Zeit, bis plötzlich auf meinem Handydisplay der verpasste Anruf von Bonnie stand. Im selben Moment wurde ich total nervös und konnte diesen Anruf nicht wirklich ignorieren. So verwunderte es nicht, dass ich sie sofort anrief und es nicht lange dauerte, bis wir uns wieder regelmäßig trafen. Dabei war ihr es völlig egal, dass ich nunmehr in einer Beziehung stand und sie diesen Zustand sogar bewusst ignorierte. Ich wurde wieder vollständig in ihren Bann gezogen und der durchgemachte Entzug in der Vergangenheit endete wieder in einer Art Sucht.

Natürlich verwunderte es nicht, dass auch meine Beziehung darunter anfing zu leiden. Es war ja auch schwer zu erklären und auch kaum zu glauben, dass eine Beziehung zwischen einem Mann und einer Frau (und erst recht, wenn diese derart intensiv gelebt wurde) nichts mit einer echten Liebesbeziehung zu tun hatte und ausschließlich auf freundschaftlichen Gefühlen basieren sollte. Dazu musste der Partner schon sehr viel Verständnis aufbringen und auch mir war dies völlig nachvollziehbar.

Aber ich wollte und konnte den Absprung einfach nicht vollziehen und so begann eine Phase großer Eifersucht und Streitigkeiten in meiner bis dahin harmonisch geführten Beziehung.

„Wenn du dich weiter mit dieser Frau triffst, dann werde auch ich mal wieder mit meinen Freunden ausgehen“, so der Tenor. Dagegen war von meiner Seite nichts einzuwenden, aber natürlich stand eine ganz andere Erwartungshaltung hinter ihrer Aussage.

Es kam, wie es kommen musste, wir distanzierten uns immer mehr voneinander bis zu dem Zeitpunkt einer fürchterlichen Eskalation. Ich hielt es für die beste Idee, eine Zeit lang das Konfliktfeld zu verlassen, ohne zu wissen, dass dies das ganze Gegenteil bewirken sollte. Ich quartierte mich also in der Wohnung eines gemeinsamen Freundes ein und hoffte naiv, es würde schon alles wieder in die richtige Bahn kommen.

Als meine Sehnsucht nach vielen Nächten des Anstarrens der Zimmerdecke immer größer wurde und ich auf einmal aufwachte und verstand, was mein Partner an meiner Seite da durchmachen musste, fasste ich einen Entschluss.

Dieser Entschluss brannte mir so sehr unter den Nägeln, dass ich diesen sofort und mitten in der Nacht mitteilen wollte. Um zu beweisen, wie ernst es mir war, wollte ich diesen nicht am Telefon, sondern persönlich mitteilen. Also setzte ich mich mitten in der Nacht in mein Auto und fuhr in unsere gemeinsame Wohnung. Ich parkte ein und wie es so ist in Zehlendorf zu dieser Zeit, war alles ziemlich dunkel. Die Straßenlampen mit Gasbeleuchtung taten ihr Übriges dazu und so schloss ich leise und ohne Licht anzumachen unsere Wohnungstür in der Waldstraße auf.

In der Wohnung waren alle Türen verschlossen und natürlich war es auch stockdunkel und da ich niemanden wecken wollte, hielt ich es für eine gute Idee, mich im Flur tatsächlich nackt auszuziehen. Ich ließ die Klamotten einfach fallen, öffnete leise die Schlafzimmertür und wollte mich als Überraschung einfach neben sie legen, was ich auch tat. Ihr Körper war warm und so legte ich dem Arm um ihre Taille.

Da ging auf einmal die gegenüber liegende Nachttischlampe an und ich sah die blonden Haare, die sich umdrehten, und wunderte mich, warum sie „so weit weg war“, wenn ich doch ihren warmen Rücken spürte.

Man sah ihr an, dass sie schreien wollte, aber der Schrei blieb ihr im Halse stecken. Gleichzeitig drehte sich der Körper vor mir um und nun sah ich, welche Hüfte ich eng umschlungen hielt.

Vor mir lag (zumindest für mich) ein fremder nackter Mann, mit dem ich gerade kuschelte und der genauso schockiert schaute wie alle Beteiligten im „ehelichen“ Doppelbett.

Um es kurz zu machen …! Unsere Beziehung nahm ein dramatisches und endgültiges Ende. Von diesem Moment an lebte ich wieder allein in *meiner* Wohnung.

Die entzückende Immobilienmaklerin mit den frechen blauen Augen ist heute mit dem Mann aus meinem Bett verheiratet und lebt zusammen mit ihren zwei Kindern in Bayern. Die Porschefahrerin lebt heute mit einem guten Freund von mir zusammen.

Also hatte das Ende beider Beziehungen doch einen *höheren* Sinn gehabt.

Und so konnte ich mich wieder und ohne schlechtes Gewissen in neue Abenteuer stürzen“!

HÄTTE. KÖNNTE. WÜRDE.
MACHEN.

… den Konjunktiven.

Kurz vor Weihnachten an einem Sonntag war ich mit meinem Bruder auf dem Weg nach Goldberg, einer kleinen verschlafenen Stadt in Mecklenburg-Vorpommern, idyllisch gelegen am Goldberger See in der Nähe der Müritz. Wir hatten dort eine Verabredung mit dem Bürgermeister, um uns ein Grundstück anzuschauen und über eine Idee in diesem Zusammenhang zu sprechen. In Goldberg wurde ein naturbelassenes Grundstück angeboten, welches sich perfekt für ein Tinyhaus-Konzept eignen würde, so zumindest meine Vorstellung.

Um uns während der Autofahrt von Berlin ein bisschen die Zeit zu vertreiben, plauderte mein Bruder über seine Aktieninvestments während der „Coronakrise“ und den zweiten „Shutdown light“ und wie volatil sich die Aktienkurse in dieser Zeit verhielten. Er hätte bisher wenig Glück gehabt und eigentlich die Schnauze voll, ständig auf irgendwelche Aktiencharts zu schauen und aktuelle Aktienkurse zu beobachten. *„Hätte, wäre, würde.“* So viele Konjunktive gehörten selten zu meinem Sprachgebrauch.

Da ich mich auch etwas für diese Materie interessierte, debattierten wir über die ein- oder andere Anlageidee. So verging die Zeit wie im Flug und im Nu lagen die zweieinhalb Stunden Anfahrtsweg von Berlin hinter uns. Als ich noch sagte, dass der Markt für Fleischersatzprodukte eine interessante Möglichkeit bot und ich meinem Bruder die kanadische Firma Modern Meat nannte, parkten wir schon vor dem Rathaus.

o

Es herrschte ein Wetter wie in einem Edgar-Wallace-Film. Es war kalt, diesig und total nebelig. „Die perfekte Voraussetzung, um sich optimistisch gestimmt ein schönes Grundstück, die Stadt und das Naturschutzgebiet anzuschauen."

Auch wenn der Bürgermeister, positiv gestimmt über „unsere" Idee, motiviert und voller Elan das Grundstück präsentierte, schlug bei uns allmählich die Stimmung um. Alles wirkte grau, feucht und erinnerte uns an die Zeiten nach dem Fall der Mauer und das war schon Jahrzehnte her. Der mitgebrachte Optimismus war also schnell verflogen und der Bürgermeister und auch Goldberg hatten keine Chance mehr. An diesem Tag reichte unsere Vorstellungskraft nicht mehr aus, um auf dem tatsächlich wunderschönen und naturbelassenen Flurgrundstück ästhetisch anspruchsvolle Tinyhäuser für gestresste Städter zu sehen.

Wir waren dann auch froh, als der Bürgermeister seine Vorstellungen einer touristischen Entwicklung der Stadt mit den Worten abschloss: „Lassen Sie uns dann im neuen Jahr telefonieren und wir besprechen weitere Details."

So verabschiedeten wir uns dann höflich, aber schnell und waren froh, endlich wieder im gut beheizten Auto auf dem Rückweg nach Berlin zu sitzen.

o

Die Rückfahrt verlief zunächst ziemlich stumm, da half auch nicht die warme Klimaanlage und die Cola und Sandwiches von der Tankstelle.

Voll konzentriert und etwas müde steuerte ich den Wagen über die Autobahn Richtung Heimat. Irgendwann fragte ich meinen Bruder, der schon etwas eingedöst war: „Na, was sagste?"

„Also, wenn du mich fragst, glaube ich nicht, dass sich irgendjemand auf den Weg nach Goldberg in sein Tinyhaus macht, um dort seine Freizeit oder sogar seinen Urlaub zu verbringen. Für mich ist dieses Investment definitiv nicht vorstellbar und ehrlich gesagt, glaube ich nicht, dass dies eine gute Idee ist.“

Und schon wieder viele Konjunktive!

In dieser Stimmung und hinter dem Lenkrad glaubte ich allerdings, meinem Bruder diesmal Recht geben zu müssen, und fing selber an zu zweifeln, ob ein Tinyhaus-Konzept eine so gute Idee sei.

So fuhr ich ihn nach Hause zu seiner Familie und war selber froh, endlich wieder zu Hause angekommen zu sein. Meine Frau begrüßte mich schon ganz neugierig an der Wohnungstür und wollte natürlich sofort alles ganz genau wissen. Die einzigen Worte, die ich auf dem Weg ins Schlafzimmer noch sagte, waren: „Ich bin total durch, lass uns morgen sprechen. Ich muss das erstmal sacken lassen.“

Und tatsächlich schlief ich sofort ein und merkte nicht mal, wie meine Frau irgendwann die Bettdecke über sich schlug und das Licht ausmachte.

Mitten in der Nacht, den Blick auf die Uhrzeit an die Decke (unser Wecker beamt die digitale Anzeige an die Wand), war ich hellwach und die erlebten Bilder und Eindrücke passierten Revue. Ich konnte nicht anders, schüttelte meine Frau an der Schulter und sagte: „Liebling, wir müssen reden."

o

Etwas übermüdet und erschlagen von der Nacht, startete ich Montag früh ins Büro. Es standen einige wichtige Termine in dieser Woche an, auf die ich mich vorbereiten wollte. So kam ich erst gegen Mittag richtig in den Trott und konnte dann endlich routinemäßig mein Arbeitspensum erledigen. Die weiteren Arbeitstage brachten auch keine aufregenden Vorkommnisse und ich war froh, als endlich der Freitag vor der Tür stand.

Ich hatte am späten Nachmittag noch einen Mandantentermin und mein Handy im Auto liegen lassen. Als die Besprechung zu Ende war und ich endlich den ersehnten Feierabend einleiten wollte, stieg ich in mein Auto und sah in der Mittelkonsole mein Handy liegen. Als ich den Sperrcode eingab, poppten unzählige Nachrichten, verpasste Anrufe und eine WhatsApp auf meinen Bildschirm auf. Mein Bruder, der sich die ganze Woche nicht mehr gemeldet hatte, versuchte mich zu erreichen. Ich machte mir etwas Sorgen, weil mein Bruder sonst eher von der zurückhaltenden Art war und ich einen Schwall von Nachrichten und Kommunikation von ihm nicht kannte. Ich startete den Wagen und drückte gleich die Nummer meines Bruders.

„Hast du die WhatsApp gesehen, die ich dir gesendet habe?“

So schnell war ich noch gar nicht und da ich im Auto saß, fragte ich zunächst: „Was ist denn los, ist was Schlimmes passiert?“

„Weißt du noch? Du hast mir letzte Woche auf der Fahrt von einem Aktienwert erzählt. Ich habe den Kurs die ganze Woche beobachtet und du wirst es nicht glauben, der ist heute um 1.260 Prozent gestiegen.“

Jetzt musste ich erstmal nachdenken und erinnerte mich an unser Gespräch. Ich hatte ihm von der kanadischen Firma Modern Meat erzählt und dass die Branche für Fleischersatzprodukte gerade richtig am Kommen sei. Was ich ihm nicht erzählt hatte, war, dass ich selbst davon einige Aktien vor Wochen gekauft hatte und somit über den aktuellen Kursverlauf informiert war. Deshalb wunderte ich mich auch ein bisschen über die Aussage meines Bruders.

Leicht verunsichert fuhr ich an den rechten Randstreifen, um mir das gesendete Bild auf WhatsApp anzuschauen. Es war ein Chart vom heutigen Tag und man sah eine Linie, die am heutigen Nachmittag schlagartig steil nach oben ging. Oben rechts stand der Kursverlauf in Prozent und tatsächlich die Zahl 1.260%.

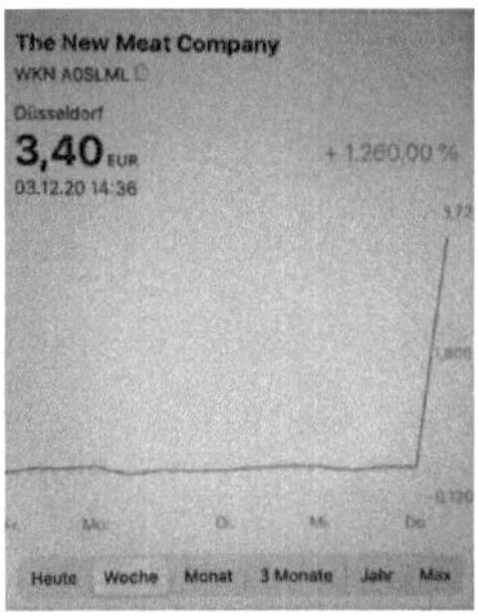

Ich musste erstmal schlucken und dachte an meinen eigenen Aktienwert: *Hast Du etwas verpasst?* Ich schaute auf die obere Linie, wo der Name der Firma stand. New Meat aus Berlin.

Ich sagte ganz cool zu meinem Bruder: „Da biste ja jetzt Millionär, herzlichen Glückwunsch. Wie viel haste denn eingesetzt?“

Ich war noch nicht am Ende des *Glückwunsches* und mein Bruder legte lautstark los: „Ich bin so ein Idiot, ich habe den Wert die ganze Woche beobachtet und die ganze Zeit hörte der nicht auf zu steigen. Deshalb, habe ich mich nicht getraut und wollte den Kurs weiter beobachten. Hätte ich doch nur 10.000€ investiert, wären dass jetzt 120.000€. Verdammte Scheiße!“

Ich musste innerlich lachen und feststellen: *Wieder ziemlich viele Konjunktive*, aber die kannte ich ja bereits aus seiner Vergangenheit.

Ich antwortete und fragte danach: „Ich hatte dir nicht von New Meat erzählt, sondern von Modern Meat. Warum hast du mir nicht früher von New Meat erzählt, als die Aktie schon die ganze Woche nach oben ging? Dann hätte ich jetzt das Investitionskapital für meine Tinyhäuser.“

Mehr als „Meine Frau hat gesagt, sie übernimmt ab sofort die Geschäfte, sonst wird das nie was“ kam nicht mehr und wir verabschiedeten uns in das Wochenende.

o

Ach ja! Was hatte ich denn mitten in der Nacht vor fünf Tagen mit meiner Frau zu besprechen?

„Schätzchen, mein Bruder hat mich mit seiner Ansage so runtergezogen, dass ich wirklich am Zweifeln war, das Projekt durchzuziehen. Ich bin fest davon überzeugt, dass besonders nach Corona ein riesiges Interesse an Freizeit, Ruhe, Entschleunigung und Natur kommen wird und ich dann mit den Tinyhäusern genau den richtigen Markt bediene. Ich werde mit dem Bürgermeister in Kontakt bleiben und schauen, in welche Richtung die Sache gehen kann. Was sagste dazu?"

„Mach mal", war die Antwort meiner Frau, die solche Sachen wie immer vertrauensvoll in meine Hände legte.

Können Sie sich vorstellen, was aus meinem Projekt geworden ist, nachdem die ersten Impfstoffe auf den Markt kamen und die Leute endlich wieder unbeschwert Urlaub machen konnten?

Und Modern Meat kann die weltweite Nachfrage nach Fleischersatz nicht befriedigen und eröffnet fleißig Fabriken in den USA und Australien und hält Ausschau in Europa.

Wie wäre die Geschichte wohl ausgegangen, wenn …?

L.L

… der Tätowierung

Nun saß ich schon zwei Wochen auf dem Fahrrad und musste noch weitere vier Wochen durchhalten. Aber langsam hatte ich mich daran gewöhnt. Während der Wintersemesterferien hatte ich einen sehr gut bezahlten Studentenjob bei der Gelben Post ergattert. Jeden Morgen, früh um 2.45 Uhr, musste ich mich aufs Fahrrad schwingen, um bei eisiger Kälte zum Postamt Steglitz in das dortige Briefverteilerzentrum in der Bergstraße zu radeln. Zu dieser „erbärmlichen" Zeit fuhr noch kein Bus, die Straßen waren auto- und menschenleer und in den Häusern und Wohnungen war noch kein Licht zu sehen, die ganze Stadt war noch im Tiefschlaf. ***(13. Berlin-Steglitz)***

o

Mein Studienfreund Chris und ich verfolgten nämlich einen ehrgeizigen Plan. Wir wollten in den kommenden Sommersemesterferien für sechs Wochen eine Abenteuertour durch die USA starten. Es sollte im Westen der USA in Los Angeles losgehen, wo wir uns einen alten Amischlitten kaufen wollten. Mit diesem sollte es dann in Richtung Osten nach Boston zu meinem Onkel Ekki gehen. Ungefähr 13.000 Meilen quer durch die USA vom Pazifischen Ozean zum Atlantik, ohne einen konkreten Streckenplan, einfach irgendwie Richtung Osten, getrieben und geleitet von den Abenteuern, die noch auf uns warteten.

o

Um für diesen Plan genügend Geld anzusparen, hatten wir uns vorgenommen, die bestdotierten Studentenjobs anzunehmen, die von den *Heinzelmännchen* (eine studentische Jobvermittlungsagentur) angeboten wurden. 1990 gab es noch kein wirkliches Internet, also musste man in die Agentur fahren und auf den Holzbänken so lange ausharren, bis das richtige Jobangebot ausgerufen wurde. *Postverteilerzentrum Steglitz, Briefe nach Straßenzügen sortieren, vier Stunden-6 Wochen, Beginn 3.00 Uhr morgens, 20 DM die Stunde.* Keiner der wartenden Studenten reagierte, was wohl nicht an dem Megastundensatz lag, sondern eher mit dem frühen Aufstehen zusammenhängen musste. Also ergriff ich meine Chance und hatte so einen lukrativen Vertrag mit der Deutschen Bundespost in der Tasche.

Der „Postjob“ passte auch deshalb so perfekt, weil ich so ohne viele Umstände zwei Fliegen mit einer Klappe schlagen konnte. Ich hatte nämlich schon einen Job bei meinem alten Ausbildungsbetrieb. Mein Chef ermöglichte mir, weiter neben dem Studium zur Betriebswirtschaft auf Provisionsbasis im Steuerbüro zu arbeiten. In diesem Steuerbüro hatte ich gerade die Ausbildung zum Steuerfachgehilfen bestanden und der Chef selbst machte mir damals den Vorschlag, mal über ein Studium nachzudenken. Tatsächlich wäre ich nie alleine auf diesen Gedanken gekommen, da ich schon immer eher ein praktisch veranlagter Mann war. Aber das Argument *„Willst du zehn Jahre mit den Frauen* (damals war dieser Beruf ein typischen Frauenberuf und die Quote an Männern sehr gering) *verbringen, um dann vielleicht die Steuerberaterprüfung zu bestehen? Mit einem Studium erreichst du das bereits nach drei Jahren, denk mal drüber nach. Während des Studiums kannst du gerne weiter bei uns jobben und was später wird, werden wir dann sehen.“*

Die Zeit der Automatisierung sollte erst noch einziehen. Bei dem „Postjob“ ging es darum, die in Säcken angelieferten Briefe nach Straßen zu sortieren, um dann von dem zuständigen Postboten in die Briefkästen der Berliner eingesteckt zu werden. Jeder Sortierer war zuständig für ein genau definiertes Postgebiet und stand vor riesigen Regalen mit vielen kleinen, nach Straßen bezeichneten Fächern, genau so groß wie ein Briefumschlag. Diese Regalwände waren bestimmt 50 Meter lang, davor standen ca. 25 Sortierer nebeneinander, die in unglaublicher Geschwindigkeit die Briefe in ihre Fächer „pfefferten". In den ersten zwei Wochen wurde ich von einer Kollegin eingearbeitet, die versuchte, mir das System der angeordneten Fächer zu erklären. Hier ging es nicht um das Alphabet, sondern um ein System von Häufigkeitsansammlungen, was nur durch praktische Übung erklärlich wurde. So stand ich zunächst vor dem Regal, suchte gemütlich die Adresse auf dem Umschlag, um die Straße zu erkennen, um dann alle Fächer nach dieser abzusuchen und dort den Brief abzulegen. Dieser Vorgang dauerte am Anfang ungefähr drei bis fünf Minuten und benötigte eine unglaubliche Konzentration und Disziplin. So wunderte es mich wenig, als meine Anleiterin erzählte, dass diesen Job die wenigsten Studenten länger durchhalten. Mit länger meinte sie weniger als drei Tage. Aber sie wusste zu diesem Zeitpunkt natürlich noch nicht, mit wem sie es zu tun hatte. Ich pflegte schon immer das Motto: *Entweder „Mann" macht etwas richtig oder gar nicht. Abbruch war keine Option, durchbeißen, wenn es sein musste!* Und so entwickelte ich mich zu einem sehr gelehrigen Assistenten, den meine Anleiterin dann auch schnell alleine lassen konnte. Irgendwann machte es „Klick" im Kopf und in einer rasenden Geschwindigkeit flogen die Briefe in die Fächer. Man erkannte schon an den ersten Straßenbuchstaben auf den Briefen das richtige Fach und so dauerte dieser Arbeitsgang später vielleicht noch fünf bis zehn Sekunden. Mein Ehrgeiz war herausgefordert und es dauerte nicht lange, bis ich mit meinen Kollegen mithalten konnte. Dadurch baute sich schnell ein guter Draht auf und so machte ich zwei Wochen vor Vertragsende den Vorschlag, einen Wettbewerb zu veranstalten. Ich wollte mich mit den Angestellten und netten Kollegen messen, nicht nur um deren „einseitige"

Routine zu durchbrechen, sondern auch um etwas mehr Spaß in die Sache zu bringen.

Mit Stoppuhr bewaffnet, wurde nunmehr eine bestimmte Periode gestoppt und dann festgestellt, wie viele Briefe in dieser Zeit einsortiert wurden. Natürlich hatte ich gegen die langjährigen Profis keine Chance, aber es ging ja mehr ums Lachen als um den Ehrgeiz.

So konnte ich also den Postjob super mit meinen Steuerjob verbinden und das Beste daran war, dass sich beide Arbeitsplätze in Steglitz befanden und auch die Uhrzeit perfekt sein sollte. Also startete ich um 3.00 Uhr morgens bei der Post und fuhr dann um 7.00 Uhr (nur drei Minuten) rüber in das Steuerbüro. Dort konnte ich so lange arbeiten, bis mir die Augen zufielen und ich vor Erschöpfung nur noch ins Bett fiel.

Diesen Rhythmus hielt ich tatsächlich sechs Wochen durch.

Beim Abschied bestätigten meine Kollegen, dass ich mich ziemlich gut geschlagen und schon lange Zeit kein Student mehr durchgehalten hatte. Mit etwas Wehmut überreichten sie mir sogar eine kleine Postmedaille und auch ich hatte „Tränen“

in den Augen beim anschließenden Händedrücken. Meine Motivation hatte sich offensichtlich auch schon in die Chefetage des Verteilerzentrums rumgesprochen und so kam beim Abschied auch der Vorsteher und bot mir einen dauerhaften Job mit tollen Aufstiegschancen an. Da ich ja schon einen tollen Steuerjob hatte und ich mir noch Zeit mit meinem Aufstieg lassen wollte, verabschiedete ich mich und bedankte mich bei meiner Mannschaft, die mich und auch ich sehr vermissen würde.

In der Zeit von nur sechs Wochen erarbeitete ich mir nicht nur die stolze Summe von 9.000 DM *(ein nicht so schlechtes Monatsgehalt, oder?)*, sondern war konditionell und gesundheitlich auch topfit. Durch das frühe Aufstehen, die alltäglichen Fahrten mit dem Fahrrad und das lange Durchhalten hatte sich mein Rhythmus umgestellt. Ich konnte auf einmal Bäume ausreißen, ewig durchhalten und jede Erkältungswelle zog an mir vorbei.

o

In den darauf folgenden Sommersemesterferien konnten wir „mit Taschen voller Dollar“ in unser

Abenteuer starten. Es war alles vorbereitet, zumindest so viel, wie wir uns die Sache in unserer Spontanität vorstellten. Also waren einzig und allein die Flüge gebucht, alles andere sollte sich spontan ergeben. Wir hatten zwei fast leere Koffer dabei, nur unsere Klamotten am Leib und Wechselwäsche sowie Kosmetik im Koffer. Denn Amerika hatte viel zu bieten und es sollte sich auf unserem Weg noch rausstellen, dass tatsächlich an jeder Ecke ein „Sale" zur Verführung lockte. Die Koffer füllten sich, die Dollar gingen schneller weg, als von uns geplant.

Nach dem 14-stündigen Flug in die Landeshauptstadt von Kalifornien, standen wir etwas erschöpft auf dem riesigen Airport Los Angeles und suchten das Rent-a-Car-Terminal. Wir wollten für die erste Zeit erstmal ein Auto anmieten, solange wir nach einem passenden Wagen für die weitere Tour suchten. Wir hatten uns auch noch keine Gedanken darüber gemacht, wo wir übernachten wollten, und so fragten wir den Autovermieter, ob er einen Tipp für uns hätte. „Drive to Venice Beach and you will find a lot of Lodges (übersetzt: Fahrt nach Venice Beach, dort werdet ihr bestimmt was Passendes finden)." ***(14. Venice Beach Los Angeles)***

Wir starteten unseren Chevrolet Caprice Classic und fuhren Richtung Pazifischen Ozean, immer den Schildern Richtung *Venice Beach* folgend. Die Gegend und der Geruch veränderten sich schlagartig. Man konnte auf einmal das Salzwasser riechen und es dauerte nicht lange, bis die ersten Palmen den Weg säumten. Auch die Menschen veränderten sich. Je näher wir Richtung Ozean kamen, desto weniger hatten die Leute an und auf einmal wussten wir, was mit dem *California Feeling* gemeint war. Überall coole Surfing People, Hippies, Bodybuilder, Rollschuhfahrer, Straßenkünstler. Als dann die bunten Bretterbuden die Architektur übernahmen, wussten wir, dass wir am Anfang unseres Abenteuers angekommen waren. Wir parkten den Wagen und wollten uns erstmal an der Promenade am Strand von Venice Beach einen Überblick verschaffen. Es dauerte nicht lange und wir hatten eine Unmenge von Flyern mit Unterkünften, Partys, Bars und Cafés in der Hand. Also setzten wir uns in das nächste Café am Strand, um beim Essen die Auswahl und

Möglichkeiten zu studieren. Es dauerte nicht lange und wir wurden von der braun gebrannten, blondhaarigen, bikinitragenden Kellnerin angesprochen, die an unserem weißen Teint erkannte, dass wir neu waren in der Stadt. Während seiner Schulzeit hatte Chris bereits ein Jahr in den USA ein College besucht und konnte deshalb fließend Englisch sprechen. Er erzählte der süßen Kellnerin, dass wir eine Unterkunft suchten, und so dauerte es nicht lange, bis wir an der Rezeption eines kleinen Youth Hostel standen, das einem Freund der Kellnerin gehörte. Wir wurden freundlich empfangen und fühlten uns sofort am Ziel unserer Träume angekommen. Überall hingen coole freundliche Leute aus der ganzen Welt ab, auf der hölzernen Veranda, an den bunten Tischen im Lokal, in den „abgefuckten" Sesseln im Empfangsbereich. Die Unterkunft war ein gemischtes Youth Hostel. Die Mehrbettzimmer waren nicht separiert in Frauen- und Männerbereiche und so teilten wir unser Doppeletagenbett im Zimmer mit weiblichen und männlichen Gästen aus der ganzen Welt. Chris schlief unten und ich machte es mir oben gemütlich.

Venice Beach war für viele Touristen der Ausgangspunkt ihres USA-Aufenthaltes, weil man hier viele wertvolle Informationen sammeln konnte.

Es dauerte nicht lange und wir lernten schnell unsere Bettnachbarn kennen. Da war ein Österreicher, der hier am Strand seine Bodybuilderfigur auf Vordermann brachte, zwei australische Girls, die das Surfen lernen wollten, ein weiterer Deutscher, der ausgiebig das kalifornische Hippieleben erkundete und zwei junge deutsche Freundinnen, die die gleiche Idee hatten wie wir. Langeweile kam hier bestimmt nicht auf, eher die Gefahr, von unserem eigentlichen Ziel abgelenkt zu werden. Denn schließlich musste noch ein geeignetes, aber auch cooles Fahrzeug gefunden werden, das uns Richtung Osten nach Boston bringen sollte. Und dafür hatten wir genau (oder nur) sechs Wochen Zeit.

Also machten wir uns auf die Suche nach einem Amischlitten. Wir kauften alle gängigen Anzeigenblätter, wie den *Classic Trader*, und mussten schnell feststellen, dass uns das vielfältige Angebot überforderte. Die Suche brauchte mehr Zeit, als wir dachten, was aber nicht wirklich störte, denn wir erlebten jeden Tag aufregende neue Dinge, die unseren Ehrgeiz der Suche in Zaum hielt. Dazu gehörte, dass jeden Tag einer unserer Mitbewohner mit einem neuen Tattoo vom Strand heimkehrte. Der Österreicher hatte sich auf seine Wade einen Arnold Schwarzenegger stechen lassen. Irgendwann kamen die australischen Girls mit Tattoos auf den Schultern nach Hause und die deutschen Freundinnen waren auch schon infiziert.

Inzwischen hatten wir uns schon einige „Oldtimer“ angeschaut und auch Probe gefahren (zu dieser Zeit konnte man eigentlich noch nicht von Oldtimern sprechen, denn ein Lincoln Continental Mark III war noch ein normales Gebrauchsfahrzeug). Wir stellen schnell fest, dass immer irgendetwas nicht gehalten wurde, was versprochen war und dank meiner technischen Sachkenntnis schnell aufgedeckt wurde. Die Zeit zog sich so dahin und ohne es zu merken, verabschiedete sich langsam und schleichend die deutsche Disziplin. Wir begannen allmählich in den Tag hineinzuleben, das Hippiefeeling hatte uns voll erwischt.

Chris und ich lagen in unseren Etagenbetten, unsere Mitbewohner waren alle ausgeflogen, und während unseres Gespräches mussten wir feststellen, dass auch wir schon infiziert waren und sich unser Geist noch in einem (falschen) deutschen Körper befand. Unser Äußerstes passte noch nicht zu unserem Feeling und das musste sich ändern. Also fingen auch wir an darüber nachzudenken, uns tätowieren zu lassen. Als dann am nächsten Tag auch die deutschen Mädels stolz ihre neuen Tattoos präsentierten, war die Entscheidung gefallen. Auch wir wollten uns ein passendes Tattoo machen lassen, nicht sofort, aber bei der nächsten Gelegenheit.

Wir waren auf dem Weg nach Santa Monica und wollten uns einen vielversprechenden Ford Galaxie 500, Limousine, Baujahr 1964, anschauen. Der Wagen hatte viel Platz für uns lange Deutsche, hatte auch vorne eine durchgehende Sitzfläche, einen riesigen Kofferraum und die Technik schien so weit in Ordnung. Genug Platz also, um unterwegs auch mal im Auto übernachten zu können. Das richtige Statussymbol für zwei „verblendete“ Hippies aus Deutschland, um durch die USA zu cruisen.

„Gekauft wie gesehen“ und wir konnten unseren Mietwagen abgeben und von nun an parkte vor dem Hostel unser eigener Amischlitten. Die Sache mit der Tätowierung war schon fast vergessen, denn nunmehr stand der Aufbruch im Vordergrund. Am nächsten Tag, es war ein Samstag, sollte es Richtung Las Vegas gehen.

Wir veranstalteten noch eine feucht fröhliche Abschiedsparty in unserer Kommune. Zum Glück war noch so viel Disziplin erhalten, nicht über die Stränge zu schlagen. So schlossen wir am Samstagmorgen unseren Galaxie auf, ich sollte fahren und startete den Achtzylindermotor, legte den Gang mit der Lenkradschaltung ein und wir surften Richtung Hauptstraße. Die nächste Ampel zeigte gerade rot und ich wollte bremsen. Da machte es ein lautes Geräusch, so als wäre ein Wasserschlauch geplatzt und auf einmal ließ die Bremswirkung nach. Gerade noch rechtzeitig konnte ich den schweren Wagen genau an der Ampel zum Stillstand bringen. Die Schweißperlen kullerten mir aus dem Gesicht und auch Chris klammerte sich noch mit beiden Armen am Armaturenbrett fest. Da es für Venice Beach viel zu früh war, war keine Seele und auch nur wenige Autos auf der Straße, zum Glück oder auch Unglück, denn nun musste irgendwie der Wagen von der Ampel geschoben werden. Zwei Deutsche rackerten sich ab, den schweren Amischlitten von der Straße zu bekommen, vermutlich ein Bild für die Götter. Aber diese Götter meinten es gut mit uns, denn am Ende der Straße befand sich eine Kfz-Werkstatt, die gerade ihre Tore öffnete. Der „Meister“ stellte schnell fest: „Bremsschlauch geplatzt, Reifen uralt, Bremsklötze runter.“ Soviel zum technischen Sachverstand meiner Person und zum technischen Zustand des Autos. Keine Chance, der Wagen musste über das Wochenende repariert werden. Der Werkstattbesitzer versprach aber, dass wir den Galaxie am Montag früh pünktlich abholen könnten.

Wir also wieder zurück in unser Hostel, das Etagenbett war noch nicht vergeben und unsere Mitbewohner staunten nicht schlecht, als wir wieder einzogen.

Jetzt hatten wir das ganze Wochenende Zeit, um uns von dem Schock auszuruhen. Es fiel uns nicht schwer, sofort wieder in den „Abhängmodus“ umzuschalten. Als wir so auf der Veranda ein kühles Bier genossen, zum Meer und den Surfern schauten, sagte ich so nebenbei zu Chris: „Ich lass mir morgen einen Lucky Luke auf die rechte Schulter stechen.“

Er antwortete lethargisch: „Dann steche ich mir was auf die linke Brust. Warum denn einen Lucky Luke?“

„Weil der genauso schlaksig ist wie ich und auch ein spitzes Kinn hat“, so meine Antwort.

Der Tag verlief wie die letzten 14 Tage mit Abhängen und in den Tag hinein leben, eben echtes Hippiefeeling.

o

Auch heute sind mein Körper und meine Haut noch frei von irgendwelchen Makeln, vielleicht ein paar kleine Narben, aber keine „Gemälde“ irgendeiner Art. Da sich unsere Wege später trennten, weiß ich nicht, ob dies bei Chris auch so geblieben ist, ich nehme es aber an.

o

Nach einer kleinen „Welcome-back-Party“ am Vorabend, machten wir uns am Sonntag irgendwann auf den Weg zum Tattoo Studio. Vor der verschlossenen Tür mussten wir feststellen, dass auch in den USA am Sonntag strenge Ladenöffnungszeiten eingehalten wurden. Das Tattoostudio war geschlossen und öffnete erst wieder Montagvormittag seine Türen.

Da waren wir bereits auf dem Weg nach Las Vegas, um dort unser Hippieleben abzulegen und in das Spielermilieu einzutauchen. An ein Tattoo war da nicht mehr zu denken.

KUR

… dem Kurschatten.

Meine Freundin hatte mich gerade auf eine sehr unschöne Art und Weise sitzen gelassen und ziemlich überraschend mit mir Schluss gemacht. Nach einer normalen und anschließenden Trauerphase wäre daraus auch nie ein Problem entstanden, doch mein männliches Ego wurde davon so verletzt, dass ich tatsächlich große Schwierigkeiten hatte, diesen Schlag zu verdauen.

So konnten meine Freunde meine Reaktion darauf auch nicht wirklich nachvollziehen, denn schließlich hatte ich in der Vergangenheit schon oft bewiesen, schnell eine passende Nachfolgerin zu präsentieren. Ich war auch nicht als Typ von Traurigkeit bekannt, pflegte ein sehr ausgeprägtes Freizeit-, Vergnügungs- und Sozialleben und hatte nie Probleme, mit dem weiblichen Geschlecht Kontakt aufzunehmen. Aber auch die gut gemeinten Ratschläge meiner Freunde und Brüder, „geh mal wieder auf die Piste, hey trink mal einen und stürz Dich ins Vergnügen“ oder „du warst doch noch nie lange allein“, halfen diesmal nicht weiter.

Die Tatsache, dass ich ohne Ankündigung einfach von einem Nachfolger, der aus meiner Sicht auch noch „erfolgreicher" erschien als ich, abgelöst wurde, führte mich direkt in eine mittelschwere Depression.

Ich kannte zwar das Wort Depression, aber welche „Nebenwirkungen" diese Erkrankung haben konnte, erlebte ich dann später am eigenen Leib.

So fing ich an, mich zu isolieren, hatte an nichts mehr Spaß und Freude, trank im Gegenteil zu den Ratschlägen keinen Schluck Alkohol und hatte auch keinen Appetit mehr. Irgendwann zeigten sich dann natürlich auch körperliche Auswirkungen und obwohl ich noch aus dem Bett kam, konnte ich auf einmal meinen rechten Arm nicht mehr bewegen. Auch wenn an die Arbeit in dieser Zeit nicht wirklich zu denken war, machte ich mir nunmehr große Sorgen um meine Zukunft, denn schließlich musste genau dieser Arm am Computer einfach nur funktionieren.

Auf die Idee zum Arzt oder Psychologen zu gehen, kam ich nicht sofort, denn bisher hatte ich Probleme stets selber in den Griff bekommen.

o

Ich blätterte lustlos in einem ADAC-Magazin herum und entdeckte bei den Anzeigen die Rubrik Kurorte. Dort wurde über den *Kurort Heviz* in Ungarn, mit seinem Thermalbad und -see, berichtet.

Dieser Heilsee ist weltweit der größte natürliche und biologisch aktive Thermalsee, in dem schon die alten Römer ihre Bäder nahmen. Die Besonderheit des heilenden Thermalwassers vulkanischen Ursprungs liegt in dem dicken Torfschlamm, der aus dem abgestorbenen, üppigen Pflanzenbestand entstanden ist, an der Oberfläche schwimmt und fürchterlich „stinkt". Die Wassertemperatur liegt selbst im Winter bei durchschnittlich 25 Grad und steigt im Sommer auf bis zu 36 Grad.

Zusammengefasst sollte dieses Wasser heilende Kräfte besitzen und besonders bei orthopädischen Leiden jeder Art Wunder bewirken.

Und ich suchte in dieser schweren Zeit tatsächlich nach einem Wunder. Also buchte ich ohne groß zu überlegen das im Magazin angepriesene Reisepaket: Drei Wochen Kuraufenthalt mit täglich unterschiedlichen Anwendungen, ärztlichen

Konsultationen, freien Eintritt in die Therme in einem vier-(ungarische) Sterne-Plus-Hotel direkt am angeschlossenen Thermalsee, erreichbar über eine Brücke, Einzelzimmer mit Vollpension, Bademantel und Wäscheservice. Was ich auf die Schnelle allerdings zunächst überlesen hatte, war, dass es mit dem Bus nach Heviz und zurück gehen sollte. Und dies mit Zwischenaufenthalt in Bayern. Die Reise war gebucht und ich war doch wohl noch jung genug, diese Anfahrt zu überstehen.

Am Abreisetag stand ich also mit Gepäck und Rucksack am ZOB (Zentraler-Omnibusbahnhof) am Berliner Messegelände und beobachtete meine Mitreisenden beim Einsteigen. Die meisten Gäste stützten sich auf Krücken, stöhnten beim Einsteigen, hielten sich den Rücken oder fluchten auf ihre kaputten Knie. Fakt war, keiner war jünger als sechzig und niemand hatte ein Leiden am Arm vorzubringen und ich kam mir ziemlich deplatziert vor.

Scheißegal, mitgegangen, mitgefangen, da musste ich jetzt durch, denn die Bilder vom Hotel und den Zimmern sahen doch ganz anständig aus. So stieg ich dann als Letzter in den Bus, und die

Herrschaften dachten schon, ihr Reiseleiter wäre nun auch angekommen. Es konnte endlich losgehen.

Meine Geduld wurde hart auf die Probe gestellt, denn der Bus sammelte in Richtung Passau nicht nur weitere Gäste ein, sondern hielt wegen nicht geplanter Pipipausen auch noch ständig an.

Um es abzukürzen, nach zwei Tagen oder auch 48 Stunden fuhr der Bus endlich am Ortseingangsschild Heviz vorbei und hielt wenig später vor dem versprochenen Vier-Sterne-Plus-Hotel.

Bei dem Gebäude musste es sich um die ehemalige sozialistische Heilanstalt gehandelt haben, denn auch die Fahnenmaste verschiedener Länder konnten das Alter des Hotels nicht verbergen. Ich trat in eine riesige marmorgeflieste Haupthalle ein und machte es mir auf den Ledersesseln aus den 70er Jahren gemütlich. Als irgendwann mein Name aufgerufen wurde, erklärte mir eine immerhin sehr attraktive Rezeptionistin in gebrochenem Englisch den Ablaufplan der nächsten Wochen und die Örtlichkeiten im Haus und zur Therme. Sie händigte mir am Schluss einen ziemlich schweren Zimmerschlüssel für mein Einzelzimmer aus und sagte nur: „Lift three floor!“

Ich drückte im Fahrstuhl die Nummer „Three“ und hoffte darauf, dass wenigstens das Zimmer Ähnlichkeit mit den Katalogbildern hatte. Nun gut, es war Auslegungssache des Betrachters, was dieser unter der Definition Vier-Sterne-Plus verstand, aber ich war einfach zu müde, weiter darüber nachzudenken. Ich schmiss das Gepäck einfach nur auf die Beistellcouch und legte mich auf das weiß bezogene Einzelbett und schlief sofort ein.

Am nächsten Morgen wachte ich mit einem riesigen Hunger auf und freute mich einfach nur auf das Frühstück. Diesmal nahm ich die Treppe in die Frühstückshalle mit dem versprochenen Buffet, denn vor dem Fahrstuhl warteten bereits meine Busfahrkollegen von gestern, gestützt auf ihre Krücken.

Tatsächlich ließ das Frühstücksbuffet keine Wünsche offen, wenn „Mann“ nicht allzu verwöhnt war, aber es gab alles, was zum Stillen des Hungers nötig war und Eierspeisen in allen möglichen Variationen mochte ich schon immer. In der

Halle waren nur riesige runde Tische aufgebaut, keine kleineren Einzeltische, und so musste man sich zwangsläufig einen noch verfügbaren Stuhl suchen und sich den Tisch mit anderen Gästen teilen. So bekam ich das Vergnügen, mich an einen Sechsertisch zu setzen, an dem bereits zwei Damen und drei Herren saßen. Als ich nach dem freien Platz fragte, stieg sofort spürbar die Stimmung wegen des neuen *jungen* Gastes und es dauerte dann auch nicht lange, bis ich allen vorgestellt wurde und ziemlich schnell die Wehwehchen meiner Leidensgenossen kannte. Als ich mich dann verabschieden musste, um die erste einweisende ärztliche Konsultation nicht zu verpassen, wurde ich noch prompt für das Abendessen und zum anschließenden lustigen Kartenspiel eingeladen. Nun war die Platzfrage für die Zukunft auch schon geklärt und ich wusste, langweilig würde es hier bestimmt nicht werden.

Der Arzt hörte sich meinen Krankheitsverlauf an, machte sich Notizen in einer Art Patientenlaufmappe und nahm eine erste Voruntersuchung vor. Als er schnell merkte, dass ich mit dem Vorbeugen keine besonderen Probleme hatte, gab er mich schnell zur benachbarten Krankenschwester weiter, die mir meinen Spind für die nächste Zeit zeigte, einen Bademantel und einen Plan mit den Behandlungen in die Hand drückte. Es konnte also losgehen. In einer Art riesiger Badeanstalt durchlief „Mann" die einzelnen Stationen der Anwendungen, teils in öffentlichen, aber auch in mit Vorhängen abgetrennten Bereichen. Therapeuten und -innen in weißen Kitteln und mit weißen Häubchen versuchten einem zu erklären, was anschließend mit dem Patienten vorgenommen wurde.

Ganz ehrlich, Schwarzwaldklinik sah irgendwie anders aus. Unter Wassermassage wurde verstanden, nackt in einer Badewanne zu liegen und von einem Bademeister mit einem scharfen Wasserstrahl abgespritzt zu werden. Wärmebehandlung bedeutete vor einer Rotlichtbatterie zu sitzen und zu hoffen, dass es keine Glühbirnenexplosion geben würde, und Massage hieß, von einer erfahrenen älteren Dame gestreichelt zu werden. Ich hatte mich auf dieses Abenteuer eingelassen und wollte dies auch durchziehen, denn schließlich hatte ich den Thermalheilsee noch nicht kennengelernt.

Als der Tag mit den ersten Behandlungen abgeschlossen war, fühlte ich mich ziemlich erschlagen. Leider hatte ich keine Zeit, mich wieder aufs Bett zu werfen und ein Nickerchen zu halten, denn meine Verabredung zum Abendessen wartete bereits. Als ich in Sichtweite des runden Tisches war, winkten die Herrschaften schon einladend nach mir. Wieder hatte man freie Auswahl an einem üppigen Abendbuffet und ganz ehrlich: Mein Hunger stellte keine Fragen und wollte nur gestillt werden. Satt und rund fühlte ich mich herrlich und ich musste tatsächlich feststellen, dass die Truppe an meinem Tisch wirklich ziemlich amüsant und sympathisch war. Wir lachten ausgelassen und so erfuhr ich in kurzer Zeit ziemlich viel über die interessanten Lebensgeschichten meiner Tischnachbarn. Als der letzte Schluck des Balaton-Rotweins ausgetrunken war, konnte es in die Empfangshalle zum Spieleabend übergehen. Ich hatte überhaupt kein Gefühl, irgendetwas zu verpassen, denn um mich herum gab es einfach nichts zu verpassen. Ganz im Gegenteil fand ich die Aufgeschlossenheit und den Humor meiner „Gesellschaft“ ziemlich erheiternd und auch spannend. Irgendwann wurden die Karten auf den Tisch gelegt und das Spiel „Sticheln“ erklärt (ohne zu wissen, wie Skat gespielt wird, glaube ich, dass Sticheln etwas damit zu tun hat, aber nicht so kompliziert erscheint), denn ich erfasste den Sinn des Spiels ziemlich schnell. Es machte richtig Spaß und es wurde dann auch eine Ergebnisspielerliste angelegt, die bis zur Abfahrt Bestand haben sollte. Irgendwann schaute ich mich um und musste feststellen, wie schnell der Abend vergangen war, denn die Rezeptionsuhr zeigte schon nach Mitternacht.

o

Von diesem ersten Tag an und für die nächsten drei Wochen, sollte der Alltag (Frühstück, Behandlung, Mittagessen, Behandlung, Abendessen, Kartenspielabend) genauso weiterverlaufen, ohne jede Abweichung, ohne jede Aufregung, ohne jede Langeweile. Die Gesellschaft wurde eine eingeschworene Truppe, war aber nicht abgeschottet und nahm auch mal neue Mitglieder auf.

Einzige Abweichung von dem Gewohnten war ein freier Tag in der Woche, der dafür diente, das angeschlossene Heilbad zu besuchen. „Jeder machte seins!“ Die Thermalquelle war schon ziemlich gewöhnungsbedürftig, denn das heiße Wasser qualmte nicht nur, sondern stank auch ganz entsetzlich nach verfaulten Eiern. Überall konnte man die Hinweise lesen, nicht länger als fünfzehn Minuten ins Wasser zu gehen, weil dies sonst zu Kreislaufproblemen führen konnte. Aber einmal im Wasser, spürte man sofort den Heilprozess oder bildete sich diesen ein, aber egal, ich spürte, es ging mit meinem Arm aufwärts und ich fühlte mich wohl. Um den Thermalsee herum befanden sich grüne Liegewiesen und so schlug ich irgendwo mein Badehandtuch auf und genoss die Wärme der Sonne, den Gestank nahm ich bald nicht mehr wahr. Überall lagen nur körpergeschädigte Rentner. Da stach auf einmal die einzig junge Frau, vermutlich in meinem Alter und plötzlich vor mir liegend, hervor. Schwarze Haare, rassige ausdrucksstarke Augen, Bombenfigur mit langen Beinen, eine Art Sophia Loren. Ich traute meinen Augen nicht, aber mich auch nicht, sie anzusprechen oder Kontakt aufzunehmen, so weit war mein Selbstbewusstsein noch nicht wieder hergestellt.

Als ich dann zum Abendessen aufbrach, ärgerte ich mich schon ein bisschen darüber, mich nicht getraut zu haben, aber da waren ja noch meine rüstigen Rentner, auf die ich mich genauso freute. Also ging es wieder zum Abendessen und anschließend zum Kartenspielen. Wir waren schon wieder ordentlich am Lachen und Trinken und fast die einzigen in der Halle, als plötzlich mein Gegenüber über meine Schulter zum anderen Tisch rief: „Junge Damen, kommen Sie doch zu uns, leisten sie uns Gesellschaft." Während er dies rief und die Damen offensichtlich keine Reaktion zeigten, fing er an zu gestikulieren und heranzuwinken. Hoch konzentriert auf meinen letzten Gewinnerstich, drehte ich mich dann doch mal um und sah Sophia Loren mit einer weiteren jungen weiblichen Begleitung sitzen. Jetzt kombinierte ich und wusste schnell, warum die Damen vom Nachbartisch nicht reagierten, weil sie uns nicht verstanden. Also übernahm ich die Einladung, stand auf, ging rüber und bat die beiden auf Englisch, uns Gesellschaft zu leisten. Ich war total überrascht, als Sophia in gebrochenem Deutsch antwortete und ich die beiden zu unserem Tisch führte.

Und was soll ich sagen: *Ich war sofort total verknallt* und konnte nicht mal mehr meinen letzten Stich ausspielen, weil ich nur noch Augen für diese wunderschöne Ungarin hatte, wie sich schnell herausstellte. Ich musste gar nicht viel fragen, denn meine Rentner brachten alles in Erfahrung und so flogen Wortfetzen in Englisch, Deutsch und Ungarisch über den Kartentisch. Sophia, und, Sie werden es mir nicht glauben, ihre Mutter hatte ihr tatsächlich diesen Namen gegeben (vermutlich wusste sie schon, warum), machte gemeinsam mit ihrer jüngeren Schwester hier Urlaub. Diese sollte am nächsten Tag wieder nach Hause zur Mutter fahren, aber Sophia wollte noch zwei Wochen bleiben. Sie konnte etwas Deutsch sprechen, weil sie mal vor Jahren im Rahmen eines deutsch-ungarischen Austausches einige Monate in Deutschland gearbeitet hatte.

Von diesem Abend an und für die letzten verbleibenden vierzehn Tage verbrachten wir viel gemeinsame Zeit miteinander und lernten uns weiter kennen. Wir flirteten, hielten Händchen, kuschelten und knutschten wie die Teenager. An den noch bevorstehenden zwei freien Tagen während der Behandlungswochen zeigte sie mir die schöne Umgebung rund um den Plattensee und ich erfuhr viel über die Mentalität der Ungarn. Ich spürte schnell, dass aus ihrem anfänglichen, vielleicht neugierigen Gefühl des Verknalltseins ein Verliebtsein wurde, doch leider musste ich da realistisch bleiben, denn ich wusste, dass ich noch längst nicht bereit war für eine Beziehung und erst recht nicht unter den gegebenen Umständen. Darüber hinaus war ich einfach nicht der Typ für eine Fernbeziehung.

Durch unsere Art des Umgangs wurden natürlich für beide Seiten Begehrlichkeiten geweckt, die schwer zu unterdrücken waren. Gleichzeitig wollte ich ihr mit einem solchen *Akt* keine falsche Hoffnung machen, denn Sophia war schließlich kein One-Night-Stand, dafür hatten wir uns zu gut kennengelernt und ich wollte sie nicht verletzen. Denn, wie gesagt, andere Umstände, andere Zeit, hätte vielleicht ein anderes Gefühl meinerseits mit sich gebracht.

Nun, das eine ist die reinste Theorie und das andere ist die echte Praxis, und beides hat am Schluss wenig miteinander zu tun, wenn es so weit ist. Es war unser letzter gemeinsamer Tag und anstatt sie wie jede Nacht nach dem Kartenspielabend an ihrer Hotelzimmertür abzusetzen, fielen wir schon im Fahrstuhl wild übereinander her. Die Fahrstuhltür ging im „three floor" auf und wie von Zauberhand öffnete sich auch meine Zimmertür von ganz allein. Wir fielen aufs Bett und weil ich keine romantische Musik zur Hand hatte, drückte ich noch auf die Fernbedienung des Fernsehers, um auf MTV Musik einzustellen. Irgendwann flogen auch unsere Klamotten durch die Gegend und wir schmiegten uns splitterfasernackt und voller Begierde aneinander. Nun stellte sich natürlich irgendwann die Frage nach der Verhütung, die sich in meinem Kulturbeutel befand. Der kurze Weg ins Badezimmer verschaffte mir so viel Zeit, mein Gewissen zu prüfen und ich musste „leider" feststellen, ich will das nicht, ich will sie nicht verletzen.

Als ich gerade ins Bett zurückkehren wollte, warf ich einen kurzen Blick auf den Fernseher.

Dort wurden keine Musikvideos mehr gezeigt, sondern man sah aufgeregte Helfer einen offensichtlich Verletzten auf einer Krankenwagenliege vom Haus zum Krankenwagen schieben.

Es war Michael Jackson, der am 25. Juni 2009 um 14.26 Uhr starb, den ich gerade in Ungarn zeitversetzt in der Nacht sah. Ich stand fassungslos und wie erstarrt auf dem Bett vor dem Fernseher und konnte meine Blicke nicht mehr von den Unternachrichten zu den schrecklichen Bildern lassen.

Sophia richtete sich zum Sitzen auf, zog die weiße Bettwäsche über ihren Körper und fragte, was los sei und ob es mir gut ginge.

So endete dieser romantische Abend abrupt und es blieb nur bei der Romantik, genauso, wie ich es mir vorgenommen hatte.

„Danke Michael, du bleibst mir immer in Erinnerung, nicht nur wegen deiner Musik“!

… der Weihnachtsgans.

Soweit ich mich zurückerinnern kann, war es in unserer Familie stets Tradition, dass meine Großeltern zu Heiligabend alle Familienmitglieder zusammenriefen, um sich dann gemeinsam auf die riesige Gans mit Klößen, Rot- und Grünkohl sowie ausreichend Bratensoße zu stürzen. Diese logistische Meisterleistung (der Gänsebraten als solches sowie die Familie zusammenzuhalten) war deshalb nicht besonders schwierig, weil wir alle gemeinsam im Haus meiner Großeltern lebten. Im Dachgeschoss wohnte mein Onkel mit ständig wechselnden Freundinnen, im „Mansardendurchgangszimmer" hatte es sich meine Tante gemütlich gemacht, meine Mutter und wir beiden Brüder teilten uns zwei Zimmer im ersten Obergeschoss neben den getrennten großelterlichen Schlafzimmern. Aus heutiger Sicht hätte man uns vermutlich für Hippies gehalten, aber ich glaube, in den 60er und 70er Jahren war dies völlig normal.

Am 24.12. wurde als erstes gemeinsam zum Krippenspiel in die Kirche gelaufen, um dort unsere Gaben bei Maria und Josef abzuliefern. Der

Heimweg ging dann viel schneller, weil wir Kinder voller Ungeduld schnell nach Hause wollten, denn schließlich erwarteten uns hoffentlich viele Geschenke und Süßigkeiten.

Als dann alle in der Küche versammelt waren, der Geruch des Gänsebratens unerträglich wurde, klingelte die „Weihnachtsoma“ und zuerst stürmten wir Kinder dann ins Wohnzimmer zu unseren Gabentischen. Allerdings durften wir keine Geschenke aufreißen, bevor meine Oma nicht ihre jährliche Ansprache gehalten hatte, das Geschenkpapier ordentlich gefaltet auf den Esszimmertisch zu legen *(„denn dies kann ja im nächsten Jahr wiederverwendet werden“*; soviel zum Thema Umweltschutz!).

Nach dieser Zeremonie, oder besser gesagt „Orgie“, wurde der Tisch am Abend freigeräumt, festlich gedeckt und alle kannten ihre Sitzordnung. Es war einfach großartig und ich glaube und weiß, dass ein solcher Zusammenhalt und auch sozialer Austausch heute sehr selten geworden ist.

o

Als dann irgendwann jeder zwangsläufig seinen eigenen Weg gehen musste, eigene Familien gründete und der liebe Gott unsere Großeltern in den Himmel gerufen hatte, sollte diese Tradition nicht sterben. Ich sah es als meine Pflicht an, das Erbe meiner Oma und meines Opas fortzuführen.

Nun lag die neue Herausforderung darin, die neuen Familienkonstellationen zu berücksichtigen, denn inzwischen waren weitere Lebens- oder Ehepartner und deren Familienmitglieder dazugekommen. Also mussten bestimmte Regeln und Terminabsprachen vorgegeben werden, sonst hätte man irgendwann eine Aula und Cateringunternehmen anmieten müssen, um am Heiligabend alle zufrieden zu stellen. Also wurde festgelegt, dass der direkte Familienstamm immer am 24.12. den Gänsebraten verschmausen und am 25.12. jeder mit seiner eigenen Familie feiern sollte bzw. durfte. Was aber nicht besprochen wurde, war die Tatsache, wer das Festmahl organisieren und ausrichten sollte.

Da ich ja nun lautstark das Erbe angetreten hatte und zufällig auch die größte Infrastruktur vorweisen konnte, versammelten sich also jeden Heiligabend meine direkten Familienmitglieder und deren Partner und Kinder bei uns in der Fabriketage.

Wenn ich hier von uns spreche, meine ich die zu dieser Zeit jeweils aktuelle Freundin an meiner Seite.

Ein Zufall und glückliche Umstände wollten es zu dieser Zeit, dass ich mir eine 185 qm große Loftetage als meine neue Wohnung gerade so von meinem Steuerberatersalär leisten konnte (aus heutiger Sicht war dies damals ein echtes Schnäppchen). So zog ich kurzerhand mit meinem Beagle Lucky in die wohl einzige Fabriketage im „spießigen" Berlin-Zehlendorf.

Das Loft befand sich auf einem Fabrikgelände eines Papiergroßhandels und einer Stahlbaufirma. In dem kleinen Industriegebiet ringsherum gab es noch viele typische kleine Werkstätten und Brachflächen. Tatsächlich war ich der einzige ständige Anwohner dort und am Wochenende war diese Gegend wie leer gefegt. *(Das kleine Industriegebiet von Zehlendorf erstreckt sich von der Potsdamer Chaussee, den Hohentwielsteig einbiegend Richtung Hegauer Weg, wo sich auch der Recyclinghof der Berliner Stadtreinigung befindet.)*

Das Loft war mit allem „PiPaPo“ ausgestattet, wie man als echter Berliner so sagt. Der erste Eigentümer der Fabrik hatte sich hier mit hohem finanziellem Aufwand und viel Geschmack sein privates Domizil geschaffen, bis er später mit seiner Firma pleite ging und der neue Eigentümer der Fabrik für die ungenutzten Räumlichkeiten einen neuen Mieter suchte. Da kam ich gerade zur rechten Zeit.

Über einen Lastenaufzug erreichte man die dritte Etage und trat durch eine sehr große Stahltür in ein Entree. Auf nur drei lichtdurchfluteten weitläufigen Räumen mit sechs Meter hohen Decken und Oberkuppellichtern, Parkettboden, tiefen Fensterfronten, Loggia und Kamin erstreckte sich unser Reich – das von mir und meinem Hund.

Im riesigen Wohnzimmer mit offener Küche konnte ich Rollschuhlaufen. Mein Schlafzimmer hatte ein angeschlossenes Garderobenzimmer mit acht verglasten Ober- und Unterschränken. Im Laufe der Zeit wurden auch alle Schränke mit Klamotten und Schuhen gefüllt.

Angeschlossen war ein riesiges Badezimmer, gefliest mit Sandsteinmarmor, ausgestattet mit

Whirlpool, Massagedusche und Doppelwaschbecken. Dort befand sich auch bis zu meinem Einzug eine Sauna, die, aus welchen Gründen auch immer, entfernt wurde. Dieser Platz diente mir nunmehr als Parkfläche für meine getunten Mopeds aus alten Studentenzeiten, eine Honda Dax und zwei Vespa-Roller.

Also musste ich zu Weihnachten immer früh aufstehen, um das Pensum der Vorbereitung zu schaffen. Es war viel vorzubereiten, dazu gehörte die festlich gedeckte und geschmückte Tafel, wie auch selbstverständlich die geschmückte Fabriketage, natürlich die rechtzeitige Zubereitung des Essens, ganz zu schweigen von den vorherigen Einkäufen aller Speisen und Getränke. Die Frau an meiner Seite war nicht wirklich zu beneiden und wenn diese auch noch etwas Kochtalent mitbringen konnte, hatte sie das Eis auch meiner Familie schnell gebrochen.

So ging dies jahrelang bis zu dem Zeitpunkt, als ich meine geliebte Fabriketage verlassen musste. Ich hatte irgendwann selbst mein Familienglück gefunden und gewünscht, aber nicht geplant, eine wunderbare Tochter geschenkt bekommen. Dieses

„Geschenk“ reichte mir vollkommen aus, um alle anderen „Geschenke“ fortan in den Wind zu schreiben.

o

Ich musste von nun an meine „Weihnachtsfamilie“ ihre eigenen Wege gehen lassen und die Veranstaltung in dieser Form aufgeben. Nach den Anstrengungen der letzten Jahre fiel es mir dann doch leichter, mit der geliebten Tradition zu brechen. Auf der anderen Seite wäre eine Fortführung auch nicht möglich gewesen, weil ich mit meiner Frau und Tochter in eine viel kleinere Wohnung zog und sich auch kein anderes Familienmitglied bereit erklärte, unser „Weihnachtsfamiliengänseessen“ fortzuführen.

Aber wie das dann so ist mit alten Traditionen, geraten diese nicht so schnell in Vergessenheit und irgendwann vermisst man diese.

Als ich später, meine Tochter konnte schon laufen, beschloss, eine weitere räumliche Veränderung vorzunehmen und wir ein größeres Haus bezogen, war auf einmal der Esszimmertisch wieder groß genug, um über Dinge nachzudenken. Als ich meiner Frau von meinen Gedanken erzählte, war diese zuerst nicht so „amused“ darüber, weil sie natürlich wusste, was da auf uns zukommen würde.

o

Gedacht, getan und irgendwann saßen, in etwas anderer Konstellation, wieder alle Familienmitglieder an unserem Tisch zu Heiligabend. Allerdings mussten wir irgendwann feststellen, dass sich mit der Zeit und Wiederholung etwas verändert hatte. Die ansteckende und geliebte Harmonie war nicht mehr dieselbe wie zuvor. So kam es immer öfter vor, dass – aus welchen Gründen auch immer – und aus Kleinigkeiten- große Missstimmung entstand, und das besinnliche Miteinander zu einem Pulverfass wurde. Irgendwann haute meine Frau auf den Tisch und erklärte, dass dies die letzte Veranstaltung sei. Auch sie mochte mal eingeladen werden und hätte keine Lust mehr, dass alles an ihr hängen bleibt und auch keine Dankbarkeit gezeigt wurde. Also wurde diesmal zum letzten „Abendmahl“ eine fix und fertige Gans zum Abholen in einem empfohlenen Restaurant um die Ecke bestellt, die an Heiligabend pünktlich um 12.00 Uhr abholt werden sollte. Leider hatten wir die Rechnung ohne den Wirt gemacht!

Unsere Familienmitglieder waren diesmal und letztmalig am 24.12. zu 14.00 Uhr eingeladen und wir hatten große Hoffnung, dass durch die Entlastung der Köchin und auch den Abschiedes ein harmonisches Fest vor uns lag. Ich machte mich etwas verspätet auf den Weg zur Gans, „wir warten schon auf Sie, Sie sind der Letzte", nahm einen riesigen Umkarton entgegen und steuerte Richtung Ausrichtungsstätte. Als ich den Karton auf unserem Esstisch langsam auspackte und meine Frau sich dabei etwas wunderte, dass keine Gerüche aufkamen, staunten wir nicht schlecht, als eine tiefgefrorene Gans das Tageslicht erblickte und wir unseren Augen nicht trauten. Ein Blick auf die Uhr, die ersten Gäste sollten bald eintreffen, versuchten wir noch in dem Restaurant anzurufen. Es hob aber keiner mehr ab. Was blieb uns also anderes übrig, als nunmehr und unverhofft doch noch den Backofen aufzuheizen. Ich sah die Panik im Gesicht meiner Frau aufsteigen, denn sie wusste genau, wie lange eine gute Gans im Backofen brauchte und eigentlich sollte dieser Job nicht schon wieder an ihr kleben bleiben. Es klingelte an der Tür und nichts ahnend strömten nach und nach unsere Gäste in unser Haus, voller Erwartung auf den anstehenden Weihnachtsschmaus.

Meine Frau wollte eigentlich flüchten, aber mich nicht im Stich lassen, doch wir überstanden das „besinnliche“ Fest gemeinsam, auch wenn die Sprüche unserer Gäste nicht mehr wirklich witzig waren. Diesmal mussten wir sogar noch länger aushalten als die Jahre zuvor, denn als der Gänsebraten endlich so weit zum Verspeisen gegart hatte, war es bereits Abend.

Niemals mehr sollte bei uns ein Fest ausgerichtet werden und es gäbe auch andere passende Gerichte zu Weihnachten, war der einvernehmliche Tenor.

o

Da nun mal bei uns schon immer eine Gans zu Weihnachten gehört wie das Amen in der Kirche, wollte unsere Schwiegermutter im nächsten Jahr diesmal den Job übernehmen. Wir freuten uns in diesem Jahr unglaublich über dieses Geschenk, keinen Organisationsstress, kein frühes Aufstehen, einfach nur schick machen und zur ausgesprochenen Einladung fahren und genießen. Und wir wussten, was die Mutter meiner Frau für eine gute Köchin war.

Wir machten uns gerade fertig und wollten aufbrechen, da klingelte das Festnetztelefon. Es war meine Schwiegermutter, die ich zuerst gar nicht verstehen konnte, weil ziemlich laute Hintergrundgeräusche zu hören waren. Sie versuchte mir in voller Aufregung mitzuteilen, dass ihr Ofen beim Aufwärmen für die Gans explodiert sei und auch der Löschversuch des Nachbarn das Feuer nicht dämmen konnte. Die Feuerwehr sei noch in ihrer Wohnung, aber alles sei von Ruß und Asche bedeckt und verdreckt. Wir sollten sie sofort abholen, denn das Haus würde jetzt gesperrt werden.

„Und was ist mit der Gans?“, konnte ich noch fragen.

„Die konnte ich noch vom Balkon retten und habe ich unterm Arm.“

o

Und so geschah es, dass wir erneut in der Pflicht waren, unsere Familientradition zwangsläufig fortzuführen. Darüber hinaus hatte ich das Vergnügen, für die nächsten drei Monate meine Schwiegermutter in unserem Haus zu beherbergen, bis ihre Wohnung wieder hergestellt wurde.

In dieser Zeit gab es immer ausreichend und pünktlich Essen und wir saßen in Harmonie und Eintracht am schön eingedeckten Esstisch.

Irgendwann nannte ich meine Schwiegermutter dann nur noch liebevoll „Oma“.

Es lebe die Tradition!

… dem Neujahrsfest.

Es war am Ende des Jahrs, als die Mauer fiel und ein neues Jahrzehnt kurz vor der Tür stand. Die Grenzen waren geöffnet und es herrschte Reisefreiheit, aber die Deutsche Einheit sollte erst im neuen Jahrzehnt vollendet werden. Die noch Ostdeutschen strömten neugierig in den Westteil der Hauptstadt, holten ihr Begrüßungsgeld ab und gaben es auch gleich wieder im Kapitalismus aus.

o

Diese geballten Ereignisse waren Anlass genug, um über eine pompöse Silvesterparty nachzudenken.

Ich besuchte gerade die Berufsschule zur Ausbildung zum Steuerfachgehilfen und erzählte meinem besten Schulfreund Lothar, auch Lotti genannt, von meiner Idee. Lotti war auch derjenige, der uns diesen Beruf ausgesucht hatte. Wir hatten uns schon vorher, bei unserem ersten Versuch der Ausbildung zum Groß- und Außenhandelskaufmann, kennengelernt. Er arbeitete in einem Knopfgroßhandel, ich in einem Gemischtwarenunternehmen. Schnell mussten wir jedoch feststellen, dass uns diese Tätigkeiten mehr als unterforderten und als die Langeweile einfach zu groß wurde, schaute Lothar in die Zeitung und las dort etwas über diesen Steuerberuf. Noch nie vorher etwas darüber wahrgenommen, wussten wir nur, Buchhaltung macht uns Spaß, also konnte dieser Beruf ja nur das richtige für uns sein. Darüber hinaus war dies noch ein typischer Frauenberuf und genau diese konnten sicherlich immer etwas Verstärkung von charmanten jungen Herren gebrauchen.

Also fragte ich meinen Freund, ob er zu meinen Gedanken, eine Silvesterparty auszurichten, Ideen hätte. Insbesondere suchte ich nach einer geeigneten Lokation und da ich noch nie ein Freund von kleinen gemütlichen Feiern war, sondern es immer ordentlich krachen ließ, lag hierin die besondere Herausforderung. Lothar hatte dazu gleich die richtige Lösung parat.

Zu dieser Zeit suchten seine Großeltern gerade nach einem neuen Zuhause, denn altersbedingt wurde ihnen ihr Einfamilienhaus, besser gesagt ihre Villa in Lichterfelde, viel zu groß. Sie waren auch schon in Verhandlungen mit einer geeigneten Seniorenresidenz und wenn es sich zeitlich ergeben würde, könnte man ja in der Villa eine grandiose Party veranstalten. Gedacht, getan und tatsächlich wollte es das Glück, dass der Betreuungsvertrag pünktlich unterschrieben werden konnte und der Umzug noch vor Weihnachten erledigt sein sollte. **(7. *Berlin-Lichterfelde)***

Die typische Altbauvilla aus dem neunzehnten Jahrhundert hatte einen ausgebauten Keller, ein riesiges Wohnzimmer mit Parkett, ein typisches Berliner Durchgangszimmer, Flure und Treppenhaus ins erste Obergeschoss. Dort befanden sich vier weitere Zimmer und ausreichend Toiletten. Diese insgesamt ca 280 Quadratmeter waren eigentlich viel zu schade, irgendwann im nächsten Jahr abgerissen zu werden, denn für das Haus hatte sich schon ein Käufer gefunden, der auf dem riesigen Grundstück nunmehr eine Neubauvilla errichten wollte.

o

Eine solche Location in dieser Größe sollte natürlich auch richtig bespielt werden, denn eine Party, die nur halb voll (oder langweilig leer) ist, wäre nun mal keine aufregende Party. Und wenn „Männer“ sich schon die Mühe machten, dann bitte schön auch richtig. Es sollte zu Silvester 1989/1990 richtig krachen.

Also taten wir uns Freunde zusammen und holten noch den Bruder von Lothar ins Boot. Dieser hatte eine Werbeagentur und für ihn war es überhaupt kein Problem, passende Einladungskarten zu kreieren. Damals zeichnete man seine Ideen noch auf Papier, um sie dann im Offsetdruck zu vervielfältigen. Es war bereits Anfang Dezember und es war nicht mehr viel Zeit dreihundert Eintrittskarten unter die Leute zu bringen. Wir waren aber zuversichtlich, denn allein die drei Veranstalter kannten genügend feierwütige Menschen und eine echte ausgefallene Alternativparty wurde in der Hauptstadt nicht angeboten. Die einzige ernst zu nehmende Konkurrenz war die RS2-Silvesternacht des gleichnamigen Westberliner Radiosenders.

Auf den Karten stand „im Vorverkauf für 25 DM zu erwerben unter der Telefonnummer 030811 ... all inclusive“. Alles inklusive beinhaltete alle Getränke an den fünf Bars in allen Stockwerken, Chili con carne aus der Altbauküche, eine Rotlichtlounge und Garderobe im Keller und Musik in allen Stockwerken. Die Disco befand sich im Wohnzimmer, denn der Parkettboden war schließlich der beste Tanzbelag. Um etwas zeitlichen Druck aufzubauen, wurde kommuniziert, dass die Karten außerhalb des Vorverkaufs später das Doppelte kosten sollten.

o

So warteten wir bis vor Weihnachten und eine echte Nachfrage wollte sich nicht so recht einstellen. Das Telefon mit der Nummer meiner Mutter klingelte nicht wirklich oft. Auch wenn meine unerfahrenen Mitstreiter mittlerweile in Panik verfielen, blieb ich trotzdem zuversichtlich, denn:

Coole Berliner entscheiden sich erst auf den allerletzten Drücker für eine coole Party, denn sonst wäre diese bestimmt nicht cool genug.

Also nutzen wir die mutmaßliche Ruhe vor dem Sturm und engagierten Personal, bestellten die Getränke und das Essen und dekorierten selbst alle Etagen so, wie es zu Silvester erwartet wurde. Den DJ-Job übernahm der Bruder meines Arbeitskollegen Marcus, der auch alle Stockwerke gleich mit seinem Equipment ausstattete. So standen in der Villa acht Boxentürme in allen Stockwerken, im Keller wurden nur rote Lichter aufgehangen und alle Playboy Poster angeklebt, die Lothar noch in der Schublade finden konnte.

Auf einmal ging es los, wie bei einem Erdbeben. Meine Mutter brach in Panik aus und konnte trotz ihres Jobs als Chefsekretärin nicht so schnell mitschreiben, wie Bestellungen eingingen. Denn schließlich waren die Karten personalisiert, mussten abgeholt und vorher bezahlt werden. Menschenmassen stellten sich in die Reihe vor unserer Wohnungstür. Und genau dies führte dazu, zum Stadtgespräch und Geheimtipp Nummer eins zu werden. Dies sollten wir aber erst viel später erfahren, denn wir planten mit den vorher verkauften 300 Eintrittskarten und Gästen.

Ich fragte noch meinen besten Kumpel Paese, ob er Lust hätte, den Job des Türstehers zu erledigen, denn er hatte selbst Partyerfahrung und der Job des Einlassers hatte den Vorteil, als erster in den Genuss der Auswahl schöner attraktiver Frauen zu kommen.

o

Der 31.12.1989, es war passend ein Sonntag, stand vor der Tür. Die ganze Mannschaft traf sich pünktlich in der Villa und besprach noch zu verteilende Aufgaben und organisatorische Besonderheiten. Ich dachte sogar noch an einen Notausgang hinten durch den Wintergarten und deponierte den Schlüssel für den Ernstfall an einer jedermann bekannten Stelle. Es konnte endlich losgehen.

Nach und nach strömten die Gäste über die alte Außentreppe vor der beleuchtenden Villa in die Bellleetage und dann zur Garderobe. Lothar und ich rannten durch das Haus, um uns zu versichern, dass alles funktionierte, und hatten vor Hektik nicht wirklich die Ruhe, unsere Gäste und besonders unsere Freude zu begrüßen. Paese regelte den Einlass und hatte richtig Spaß bei seiner Arbeit, denn er war wichtig und an ihm kam keiner vorbei.

Die Party war im vollen Gange, da kam Paese irgendwann ganz aufgeregt zu mir und fragte mich: „Da strömen immer mehr Gäste ohne Einladungskarte vor die Tür, noch haben wir Platz, aber welchen Preis soll ich nun aufrufen? Einige haben mir sogar schon 100 DM geboten, um reinzukommen, was sagste?“

Ich antwortete nur: „Nimm so viel du kriegen kannst und entscheide einfach selbst, aber achte darauf, dass es sich nicht überfüllt.“

Was soll ich sagen, nachströmende Gäste ohne Karte waren bereit bis zu 120 DM für den Einlass in die coolste Party der Stadt zu bezahlen. Schnell stellte sich heraus, dass viele Gäste von der RS2-Party kamen, die durch einen Buchungsfehler völlig überbucht war und die Leute einfach auf der Straße stehen ließ. Langsam bekam ich Angst, nein, nicht weil wir „reich“ werden würden, sondern Angst vor der logistischen Herausforderung, denn schließlich war die Hütte voll und das Haus bebte.

Kurz vor Mitternacht und dem Moment, wo die Leute zu dem Feuerwerk vor die Tür strömten, kam Lothar mit klitschnassem Gesicht und Panik in den Augen zu mir und schrie: „Komm mit in den Keller, schnell!“ Hatte er ein Liebespärchen beim … erwischt?

Wir stiegen die Treppe hinab, was schwierig genug war, weil alle Gäste nach oben wollten. Lothar führte mich zu dem Kellerraum, der unter dem Wohnzimmer lag und er musste gar nicht viel erklären. Die Kellerdecke senkte sich bestimmt schon 50 cm und der Putz bröckelte bereits von der Decke. Die Tanzfläche konnte das Gewicht von gleichzeitig tanzenden Menschen (und alle auch noch im gleichen Takt) nicht mehr tragen. Auch mir lief mittlerweile der Schweiß aus dem Gesicht.

„Wir müssen sofort alles sperren und die Party beenden“, schrie Lothar und er hatte Recht, aber wie denn bloß! Wir würden unseres Lebens nicht mehr glücklich, wenn das Haus mit allen Gästen zusammenstürzen würde. Es musste irgendwie schnell gehandelt werden und so beschlossen wir: „Wenn die meisten Gäste sowieso alle nach draußen strömen, um zu knallen, müsste Paese einfach die Tür versperren und erklären, dass Gefahr in Verzug sei und die Party over ist.“

Als wir Paese aufklärten, verfiel auch dieser in Panik, denn schließlich hatten erst vor fünf Minuten unerwartete Gäste 100 DM Eintritt geleistet, um sich ausgiebig und ausgefallen zu amüsieren. Aber auch er erkannte die Gefahr in Verzug und sperrte einfach die Tür zu und machte nur noch die Tür-Luke für Erklärungen auf. Gäste, die sich noch im Haus befanden, wurden aufgefordert, über den Notausgang sofort nach draußen zu gehen. Aber wo war der verfluchte Schlüssel? An der hinterlegten Stelle jedenfalls nicht und so blieb uns nichts anderes übrig, als die verschlossene Hintertür wie in einem Krimi einzutreten. Die Partygäste staunten nicht schlecht.

Da wir niemanden über unser Problem aufklärten, kam zum Glück keine Panik auf, aber gleich eine Wut, die sich auf der Straße entlud.

o

Um es zusammenzufassen: Es war wohl die unvergesslichste Silvesterparty in der Stadt. Ob nur für uns selbst oder auch für unsere Gäste, wollten wir nicht weiter hinterfragen.

Paese verbrachte auf alle Fälle die beste Nacht seines Lebens im Steglitzer Klinikum, weil er sich mit einem wütenden Gast anlegen musste und einen Schlag ins Gesicht bekam. Als er so in der Notaufnahme rumhing, fanden sich immer mehr Gäste von unserer Party ein, die entweder leichte Verbrennungen, zu viel getrunken oder andere Wehwehchen hatten. Er erzählte am nächsten Tag von einer völlig verrückten Partynacht in der Notaufnahme, selbst die Krankenschwestern hätten mitgefeiert.

„Unsere Party sei auf alle Fälle ein riesiger Erfolg gewesen, wenn auch viel zu kurz.“

o

Am nächsten Tag: ein Bild des Grauens. Der auf der Einfahrt geparkte Mercedes des Nachbarn, war von Knallern bedeckt und man sah ihm schon von weitem an, dass dieser niemals mehr glänzen würde. Also spendierten wir dem tobenden Nachbarn eine neue Lackierung. Als der DJ seine Musikanlage abholen wollte, musste er feststellen, dass vier Boxen verschwunden waren (jetzt weiß ich, wer den Schlüssel entwendet hatte) und wir ersetzten ihm vier neue Boxen.

Können Sie sich vorstellen, wie es auf dem Grundstück und erst im Haus selber aussah? Der Parkettboden war völlig zerstört, die Wände schwarz, nichts erinnerte mehr an ein gemütliches Haus zweier alter Leute, die dort fast fünfzig Jahre gewohnt hatten.

Die Bulldozer kamen schneller als geplant und wenn irgendjemand auf den Gedanken kommen sollte, die Jungs hätten sich eine goldene Nase verdient, dann können wir nur erwidern: „Es war eine Erfahrung wert, wenn auch nur kurz, im Mittelpunkt der Deutschen Einheit zu stehen, trotz allem es hat richtig Spaß gemacht!“

… dem Entenrennen

2016 verbrachten wir wieder mal mit unseren Töchtern einen traumhaften Sommer auf Sylt. Vierzehn Tage keine Wolke am Himmel, ein traumhafter Sommer am Strand und auch das Meer hatte außergewöhnliche Temperaturen. Der Jahrhundertsommer, alles erinnerte an den Song der Toten Hosen „Westerland".

Wie schon im Vorjahr lud der LIONS-Club Sylt zu seinem diesjährigen zweiten traditionellen Entenrennen auf dem Wenningsstedter Dorfteich. Überall hingen dazu die gelben Plakate an den Straßenlaternen.

Irgendwann wird auch das schönste Badevergnügen langweilig und so beschlossen wir, im Kaufhaus H.B. Jensen in der Friedrichstraße in der Fußgängerzone von Westerland mal nach Sonderangeboten zu schauen. Bereits am Eingang sorgte ein großer Stand mit tausenden von gelben Quietsche-Enten bei den Kindern für große leuchtende Augen. Und auch unsere jüngste Tochter war nicht davon zu überzeugen, erst nach dem Shoppen eine der süßen Quietsche-Entchen zu kaufen.

Für einen guten Zweck erworben wir also zugunsten der AIDS-Hilfe Sylt e.V. zwei gelbe Gummi-Enten. Eine für unsere Tochter Eve, und der Gerechtigkeit halber, eine für unsere ältere Tochter Lea. Alle Enten trugen eine Rennnummer und man konnte sich unter den restlichen Nummern frei entscheiden. Viel Auswahl hatten wir nicht mehr, also nahmen wir die Nummer 2.498 und 2.499.

So nahmen die unbeschwerten Tage einfach ihren Lauf und irgendwann stand dann der Samstag, 30.07. 2016 auf dem Kalender. Als wir total erschöpft vom Strand in unser Appartement zurückkehrten, sagte meine Frau: „War da nicht heute Nachmittag noch was?“ Ich war froh endlich auf der Couch abzuhängen und hatte überhaupt keine Lust mehr, mich wieder in Klamotten zu schwingen und bei diesen heißen Temperaturen mit dem Auto irgendwo hinzufahren. An irgendwelche quietschenden Enten konnte ich mich auch nicht mehr erinnern. Auch Lea wollte lieber weiter vor dem Handy abhängen.

Da hatten wir den Plan oder auch Nichtplan aber ohne unsere Tochter Eve gemacht. Denn Sie wusste genau, was an diesem Nachmittag für ein Ereignis auf dem Tagesplan stand. Jedem Widerstand zum Trotz mussten wir also wieder los nach Wenningstedt. Vorher steckten wir noch schnell die Urkunden über die gekauften Enten ein, denn diese warteten bereits am Dorfteich auf ihre Eigentümer.

Ziemlich erschöpft, quälte sich die ganze Familie wieder ins warme Auto von List Richtung Westerland. Bereits an der Ampel von Kampen stauten sich die Autos, alle wollten nach Wenningstedt. Ich konnte intervenieren, Lockangebote auf eine riesige Eiskugel machen, nichts konnte unsere Tochter davon abbringen, unsere beiden Enten in den Dorfteich zu setzen.

Nachdem wir dann mit etwas Verspätung endlich einen Parkplatz finden und uns auf dem Weg noch links und rechts an den Ständen mit Wurst und Zuckerwatte versorgen konnten, drängelten wir uns zwischen die „4000 gelben Quietsche-Entchen-Besitzer“, Alle wollten ihre Gummi-Enten in die Schaufel eines riesigen Radladers werfen. Meine Laune war bereits am Tiefpunkt angelangt, die geduldige Mama machte „gute

Laune zum bösem Spiel“ und Lea wollte eigentlich im Auto sitzen bleiben. Also folgten wir nur noch unserer Tochter, die aufgeregt und quicklebendig zum Zieleinlauf drängte, um dort einen guten Platz zu ergattern.

So standen wir also auf der anderen Seite des Dorfteiches und fieberten dem Start entgegen. Dort stand ein bestellter Notar, der das Geschehen unter offizieller Kontrolle hatte. Als dieser das Startzeichen gab, hob der Radlader seine Schaufel und schüttelte alle Enten aus der Schaufel in den Teich.

Von da an sollte Gottes Schicksal über „Sieg und Frieden“ bestimmen.

Also warteten wir zunächst aufgeregt, dann ungeduldig, dann hoffend und dann langsam ermüdend darauf, dass irgendwann etwa 4000 gelbe Gummitiere an uns vorbeischwimmen würden und nur eine einzige Ente endlich die Ziellinie überqueren würde, um dann den Hauptpreis abzuräumen.

Diese Wahrscheinlichkeit lag vielleicht noch schlechter als bei einem Lottogewinn. Also der Wahrscheinlichkeit, dass genau eine unseren beiden Enten jemals die Ziellinie erreichen würden und der menschlichen Einflussnahme, dass Papa die „Schnauze“ gestrichen voll hatte.

Denn der „liebe Gott“ hatte die Rechnung ohne das Wetter gemacht. Die Sonne brannte weiter erbärmlich in die Gesichter der Zuschauer, es war kein Wind oder nur der kleinste Windhauch zu spüren und so machten es sich die Gummientchen einfach wie bei einem Ringelpietz mit Anfassen gemütlich und drehten sich lustig im Kreis, aber nicht Richtung Zieleinlauf.

Nach mehr als zwei Stunden war meine Geduld am Ende. Ganz im Gegenteil kämpfte ich gegen einen heftigen Wutanfall und glauben Sie mir, da musste schon einiges passieren. Meine Frau schaute in mein Gesicht und sah genau, dass bald etwas „schlimmes“ passieren würde, wenn nicht sofort …!

Und da erbarmte sich „Aiolos“ (Herrscher über den Wind) wie aus dem Nichts und eine „fette“ Windböe brachte die kleinen Tiere aus dem seichten Schaukeln in heftiges Fahrwasser Richtung anderes Ufer, bis irgendwann die erste Ente in die sich verengende Fahrrinne einbog und als erstes die Ziellinie überschwamm.

Am Anfang der ganzen Aktion hatten wir noch unsere beiden Urkunden in der Hand und alle Zuschauer machten blöde Sprüche zum lustigen Spiel. Doch irgendwann und kurz vor meinem „geretteten“ Wutanfall zerknüllte ich diese und steckte sie in die vordere Jeanstasche. Keiner hatte mehr irgendeine Ahnung, welche Losnummern wir gekauft hatten.

Ich nahm meine Frau „glücklich“ in den Arm und war froh, dass wir endlich gehen konnten. Auch unseren Töchtern sah man die Erlösung an, was wahrscheinlich noch eine niedrigere Quote hatte, als den Hauptgewinn zu erhalten. Also drehten wir uns um und wollten gerade Richtung Auto laufen. Im Hintergrund hörte man noch den Notar die Rennnummer der Gewinnerente ausrufen und auch schon mehrfach wiederholen. Da sprach mich plötzlich meine Stehnachbarin vom Dorfteich an und fragte bzw. stellte fest: “Junger Mann, Sie haben doch die Nummer 2.498. Der Notar hat die Nummer schon mehrfach ausgerufen. Sie haben den Hauptpreis gewonnen, herzlichen Glückwunsch!“

Sie hatte offensichtlich auf unsere Urkunde geschaut, als ich diese noch voller Elan und Hoffnung in den Händen trug, bevor ich sie zerknüllte und in die Hosentasche stopfte. Aufgeregt zog ich das Knoll heraus, strich es so gut wie möglich glatt und da stand tatsächlich: „2.498“, Hauptgewinn!

Uns traf der Schlag und plötzlich übermannte uns das Adrenalin. Von Erschöpfung keine Spur mehr, spurteten wir los zum Stand, wo die gespendeten Sachgeschenke ausgestellt waren. Bisher hatten wir uns nicht dafür interessiert, was es denn eigentlich zu gewinnen gab, geschweige denn, was als Hauptgewinn ausgelobt wurde.

Am Stand erwarteten uns bereits der Notar und ein Reporterteam vom Inselradio Sylt. Ohne Legitimation keinen Preis, alles musste seine Ordnung haben. Also überreichte ich etwas peinlich die zerknüllte Urkunde mit der Nummer 2.498, die der Notar dann offiziell bestätigte. Danach stürzten sich die Reporter auf uns.

„Was ist das für ein Gefühl, den Hauptpreis gewonnen zu haben? Dürfen wir wissen woher Sie kommen. Sind Sie das erste Mal auf Sylt. Was werden Sie mit dem Hauptgewinn anfangen?“ Wir hatten immer noch keine Ahnung, was wir gewonnen hatten und nachdem ich dem Reporter seine Fragen beantwortet hatte, fragte meine Frau ganz naiv:

„Was haben wir denn eigentlich gewonnen?“

Die Antwort lautete etwas verdattert: „Ein Damen-Elektrobike der Marke Kettler, gespendet vom Kaufhaus H.B. Jensen im Wert von € 2.500.“

Vierzehn Tage später wurde das E-Bike nach Berlin geliefert. Damit waren wir gefühlt die ersten Berliner mit einen E-Bike und mit unserer Geschichte die Sensation in der Nachbarschaft.

Anhang:

Ortsverzeichnung

1. Seite 19: Die Wrangelstraße in Berlin-Kreuzberg

Die Wrangelstraße liegt im sogenannten Wrangelkiez im ehemaligen Westberlin, mitten im Bezirk Kreuzberg, und ist ein typisches Wohnquartier mit gründerzeitlicher Architektur und vielen typischen Altbauwohnungen. Hier fanden die ersten Gastarbeiter in den 60er und 70er Jahren ihre erste Heimat. In der Nähe befinden sich die Oranienstraße (nicht zu verwechseln mit der Oranienburger Straße in Berlin-Mitte) und der berüchtigte Görlitzer Park. Die Gegend prägt bis heute die kulturelle Vielfalt in der Nähe des Kottbusser Tors. Die Wrangelstraße geht von der Skalitzer Straße ab, die sich vom Potsdamer Platz (Berlin-Schöneberg) Richtung Oberbaumbrücke (ehemaliger Übergang vom Westteil zum Ostteil der Stadt) mitten durch Kreuzberg zieht. Hier und in den Seitenstraßen tobt nachts „der Bär“ mit vielen Kneipen, Bars und Geheimtipps. Es ist alles zu haben, über dem Tresen und auch darunter, die

Vielfalt ist riesig und der Amüsierfaktor entsprechend groß. So entwickelte sich Kreuzberg nicht nur zum Mittelpunkt von Touristen aus der ganzen Welt, sondern in der Neuzeit auch als ziemlich hipper Wohnbezirk für alle, die dazugehören wollen. Auch hier steigen die Preise für Wohnraum rasant und das Paul-Linke-Ufer ist der Wohnort gut betuchter Immobilienbesitzer.

2. Seite 27: Das Salzufer in Berlin-Tiergarten

Das Salzufer verläuft von der Straße des 17. Juni, an der Charlottenburger Brücke, ganz in der Nähe des Ernst-Reuter-Platzes, bis zur Dovebrücke. Das Salzufer trägt diesen Namen bereits seit 1874 und entstand aus einem großen Salzspeicher direkt am Landwehrkanal. Seit den frühen 80er Jahren produziert dort auch Beiersdorf die berühmte Nivea-Creme. Deshalb prangt an diesem Standort am Salzufer auch ein riesiger blauer Deckel einer Nivea Cremedose.

3. Seite 29: Das Europa-Center

Das Europa-Center war eine Zeit lang das erste und einzige Hochhaus im Westberliner Stadtteil

Charlottenburg und wurde 1965 fertiggestellt. Es befindet sich direkt am Breitscheidplatz neben der Kaiser-Wilhelm-Gedächtniskirche, dort wo einst das Romanische Café residierte. Es trennt heute, als Wahrzeichen mit seinem riesigen Mercedes-Stern auf dem Dach, den Kurfürstendamm von der Tauentzienstraße.

Ganz im Stil der amerikanischen Kultur galt der Gebäudekomplex mit seiner neuen und einzigartigen Stahl- und Glaskonstruktion als die neue Attraktion und Ausdruck von Freiheit und Kapitalismus. Das Center war sofort Anziehungsmagnet der Westberliner und seiner Touristen. Dort befand sich sogar bis 1974 im Erdgeschoss eine Schlittschuhbahn wie im Rockefeller-Center in New York. Jedes Jahr zu Weihnachten bewundern die Berliner immer noch „ihre" neue jährliche Weihnachtstanne, deren Aufstellung immer den Startschuss für den Weihnachtsmarkt am Breitscheidplatz gibt. Im Tower selbst befinden sich überwiegend Büros mit bester Adresse und im Erdgeschoss viele bekannte Mode-, Shopping- und Souvenirgeschäfte. Im obersten Stock, wo sich heute die PURO Sky Lounge befindet, haben die Gäste einen gigantischen Blick in alle Himmelsrichtungen über die Hauptstadt. Heute ist das Europa-Center eingegliedert in ein neues städtebauliches Konzept mit dem Namen „UPPER WEST“, welches gerade in neuster Zeit die Skyline von Westberlin völlig verändert. Hierzu zählen auch der Umbau des sogenannten Bikinihauses, das neue Hochhaus des Waldorf-Astorias, sowie die neuen Zwillingstürme an der Gedächtniskirche. Es ist ein völlig neues Stadtquartier entstanden, was der Moderne der Neuzeit entspricht.

4. Seite 30: Mercedes-Welt am Salzufer

Die Mercedes-Welt am Salzufer entstand aus der Geschichte von Mercedes-Benz in Berlin. So beginnt die Beschreibung auf der Mercedes-Welt-Seite auch mit: „Als der Benz“ 1915 das Salzufer kaufte, war „der Daimler“ noch ein harter Konkurrent. 1915, zu Zeiten des Ersten Weltkrieges, kaufte die Firma Benz & Cie das Gelände von Seimens & Halske.“ So entstand hier die erste Fabrikniederlassung Berlin. Mit der Fusion von Benz und Daimler im Jahr 1926 wurde dann auch zum ersten Mal der Schriftzug Daimler-Benz AG am Gebäude angebracht und eine Fahne mit dem heute bekannten Mercedes-Stern am Eingang gehisst. Schnell wurde der Standort zum Herzstück in der deutschen Reichshauptstadt. Mit Ende des Zweiten Weltkrieges stand der Standort zunächst unter der Kontrolle der alliierten Engländer und wurde erst ab 1950 wiederbelebt. Von nun an gab es auch einen kleinen Ausstellungsraum. Mit dem Deutschen Wirtschaftswunder und Erfolg der Mercedes-Fahrzeuge expandierte der Standort bis die Mauer fiel. Es sollte eine neue Zentrale für alle weiteren Standorte entstehen und so rückten dann 1998 die Bagger an, um eine neue Vision zu erschaffen. Seit Übergabe im Jahr 2000 steht am Salzufer eine besonderen und einzigartige „Eventlocation" und das Autohaus der Zukunft mit einer einzigartigen Architektur aus viel Glas und Stahl. Auf 14.000 qm werden über 300 Fahrzeuge und Neuheiten aus- und vorgestellt.

5. *Seite 33: Die Classic Remise in Berlin-Moabit*

Die Classic Remise befindet sich im typischen Westberliner Arbeiterbezirk in Westberlin, in einem in 2003 wunderschön restaurierten ehemaligen Straßenbahndepot. Das wilhelminische Industriegelände erinnert an die Zeiten der Industrialisierung mit rauchenden Schornsteinen und großen eisernen Produktionsmaschinen. In diesem Ambiente findet man heute Händler, Werkstatt- und Servicebetriebe für Oldtimer und teure Liebhaberfahrzeuge, die die Neugierigen zum Schlendern durch die Hallen einladen. Man fühlt sich mit Betreten der riesigen Hallen sofort in alte Zeiten versetzt. Höhepunkt sind insbesondere die gläsernen „Garagenboxen", in denen die Eigentümer ihre Wertanlagen zur Schau stellen und gegen eine ordentliche Gebühr sachgerecht unterstellen. Hier sieht man nicht nur Wertanlagen von sehr hohem Preis, sondern auch von besonders seltenen und wenig gebauten Stückzahlen. Immer im Mai wird hier die Saison mit einer großen Oldtimerausstellung gestartet, wenn die stolzen Berliner ihre Schätzchen auf die sachkundige Bühne fahren und einen Schwank aus ihrem Oldtimerleben erzählen dürfen.

6. Seite 42: Die Luisenstiftung und Berlin-Dahlem

Die Königin-Luise-Stiftung ist eine „elitäre“ Privatschule und auch Internat in der Podbielskiallee (seit 1907) im Westberliner Bezirk Dahlem-Grunewald. Die Einrichtung wurde zum Anlass des ersten Todestages von Luise im Jahr 1811 gegründet und unterrichtete zunächst nur Mädchen. Wenn die Eltern sich das Schulgeld nicht leisten konnten, wurden sie von der Zahlung befreit. Aus einer bewegten Geschichte nach dem Zweiten Weltkrieg wurde dann eine übergreifende Schule mit Realzweig und Gymnasium und unterrichtet heute ca. 840 Schüler. Gleich um die Ecke, direkt am U-Bahnhof Podbielskiallee der Linie U3, befindet sich die traditionsreiche „Eierschale“, die als ehemaliger Jazzclub berühmt wurde. Die Eierschale wurde 1956 von einem Posaunisten gegründet. Jazzgrößen wie Louis Armstrong, Duke Ellington und Ella Fitzgerald besuchten nach ihren Konzerten den Club und gaben nicht selten dann hier noch einen „privaten“ Gig. Mit dem Wandel der Zeit veränderten sich dann auch die Musikrichtung und die auftretenden Künstler und Bands. So soll die Countryband Truck Stop hier ihre „Berliner“ Karriere gestartet haben. Nach dem Mauerfall war die Eierschale auch eine beliebte Disco und Gerüchte besagten der Ort, um leicht in Kontakt mit dem weiblichen Geschlecht zu kommen. Heute ist die Eierschale ein beliebtes Ausflugslokal mit großem Biergarten und guter Küche.

7. Seite 44: Der Sportverein Z 88 in Berlin-Zehlendorf

Der Turn- und Sportverein TSV 1888 wurde am 2. Juli 1888 im Westberliner Erholungsbezirk Zehlendorf gegründet und hat heute ungefähr 2400 Mitglieder, die in vielen Abteilungen Sport treiben. Sehr bekannt ist der Verein mit seiner Hockeyabteilung, die schon einige „Weltmeister“ zum Pokal oder Medaille führte. Der Wohnbezirk Zehlendorf zählt allein bemessen nach seinen Einwohnern als Großstadt, ist aber ein sehr ruhiger und grüner Vorstadtbezirk von Berlin. Im wahrsten Sinne des Wortes „langweilig", aber sehr erholsam und sicher. Schon in den dreißiger Jahren wurden die Erholungsgebiete mit ihren Seen des Wannsees, der Krumme Lanke und des Schlachtensees besungen. In den schönen Villen und alten Häusern leben überwiegend gutverdienende Angestellte und Unternehmer mit ihren Familien, die in der einzigen Einkaufsstraße am Teltower Damm ihre Einkäufe erledigen. Dort befindet sich auch schon immer der Traum jedes Kindes, ein Woolworth mit einer riesigen Spielzeugabteilung. Die wohl spannendste Zeit erlebte dieser Bezirk durch die alliierten Amerikaner, die in dieser Zeit mit ihrem Lebensstil etwas Aufregung ins Leben brachten. Jedes Jahr strömten tausende von Menschen auf das berühmte deutsch-amerikanische Volksfest auf der Truman Plaza an der Clayallee, dort, wo die Westberliner ihren ersten Hamburger essen durften und wo sich auch heute noch der erste Hamburger McDrive als ein Überbleibsel dieser Zeit befindet.

8. Seite 51 und 150: Berlin-Lichterfelde

Lichterfelde ist ein Ortsteil im Westberliner Bezirk Steglitz-Zehlendorf und grenzt an Dahlem und Lankwitz. Lichterfelde ist eine ehemalige Villenkolonie und entstand in der zweiten Hälfte des 19. Jahrhunderts mit dem Erwerb der Grundstücke 1865. Hier siedelten sich damals finanzkräftige Bürger, höhere Beamte und Offiziere an. Lichterfelde war dann auch Sitz der Preußischen Hauptkadettenanstalt. Lichterfelde-Süd wurde durch den Flugpionier Otto Lilienthal bekannt, der 1894 seine ersten Flugversuche am sogenannten Fliegeberg startete und sich den Berg als Anlaufstrecke runterstürzte. 1930 wurde der erste elektronische Fernseher vorgestellt, der dann von den Telefunkenwerken am Platz des 04. Juli produziert wurde. Dieser Platz wurde später durch die amerikanischen Alliierten bekannt, die auf diesem

Gelände ihre Soldaten in den sogenannten McNair-Barracks unterbrachten und auf dem Platz große Paraden abhielten. Nach Abzug der Amerikaner nach dem Mauerfall wurde das riesige Gelände von Investor zu Investor weitergereicht, bis schließlich attraktive Lofts aus den Kasernenzimmern wurden. Heute nutzen überwiegend Fahrschulen den Platz ohne Durchgangsverkehr für ihre Fahranfänger. Am Wochenende findet dort ein großer Flohmarkt statt.

9. *Seite 56: Die Freie Universität in Berlin-Dahlem und die amerikanischen Besatzer*

Die sogenannte FU-Berlin wurde nach dem Zweiten Weltkrieg als Reaktion auf den beginnenden Kalten Krieg als „Geschenk der Amerikaner“, unter Mitwirkung des Militärgouverneurs Lucios D. Clay, im Jahr 1948 gegründet. Der Campus mit seinen verschiedenen Fakultäten befindet sich im Westberliner Bezirk Dahlem, nahe der nach ihm benannten Clayallee. Die Lehrziele der Gründungsväter wurden durch den Wahlspruch „Veritas-Iustitia-Libertas (Wahrheit, Gerechtigkeit, Freiheit) zementiert. Von damals mit ungefähr 2140 Studenten entwickelte sich die FU zur heutigen Eliteuniversität mit fast 40.000 Studenten. Der Campus an der Garystraße, wo sich angehende Juristen und BWLer die Klinke auf den Weg in die Mensa geben, verbindet beide Fakultäten mit einem grünen Parkstreifen. Kein Wunder also, dass es im Sommer auch vorkommen konnte, dass die Hörsäle und Bibliotheken leer blieben. Bis heute herrscht das hartnäckige Gerücht, dass der Jurafachbereich die hübschesten Studentinnen aufzuweisen hat. Auf der naheliegenden Truman-Plaza an der Clayallee befand sich das Einkaufszentrum der Alliierten (auch PX genannt), wo nur diese Zugang hatten und riesige Kartons mit Pepsi- und Coca-Cola-Dosen zu den Kofferräumen ihrer Amischlitten schleppten. Auf dem Platz wurde jedes Jahr zur Völkerverständigung mit den Westberlinern das legendäre deutsch-amerikanische Volksfest ausgerichtet. Die Berliner strömten zu tausenden dorthin und mussten viel Geduld am Eingang beweisen, wenn die Military Police die Kontrolle regelte. Nur hier hatte man die Möglichkeit, die Kultur und das „echte" Leben der Amerikaner kennenzulernen. Jedes Jahr wurde das Fest mit einem Motto einer anderen amerikanischen Stadt oder eines Bundesstaates ausgerufen. So konnte man in einem Jahr durch Las Vegas schlendern und dort im Spielcasino sein Geld beim Pokern oder Roulette verlieren. Wenn es zu Auseinandersetzungen mit Cowboyhüten tragenden GIs kam, reichte eine schnelle Schlichtung beim anschließenden gemeinsamen Verzehr fetter amerikanischer Hamburger mit Budweiser Beer, gleich am nächsten Stand. American Feeling pur, was für eine Zeit!

10. Seite 69: Havelchaussee

Die Havelchaussee verbindet auf kürzester Distanz die Bezirke Zehlendorf-Wannsee-Nikolassee und Spandau sowie Westend, Richtung Heerstraße auf der anderen Seite. Auf diesem Weg fährt man immer entlang des Wannsees bzw. später der Havel mitten durch den schönen Grunewald. Aus Zehlendorf kommend, liegt die Lieper Bucht als Badestrand mit feinsandigem Südseefeeling entlang der nur vielleicht 20 Meter entfernten Chaussee. Es folgt der Grunewaldturm (ein toller Aussichtsturm von 1899, 78 Meter hoch) mit seiner

Minigolfanlage und danach das Schildhorn (eine 110 Meter breite Halbinsel mit dem Wirtshaus Schildhorn von 1880). An diesem nördlichen Ende befanden sich auch die Havelstudios, in denen von 1988 bis 1994 das bekannte „Glücksrad" mit Maren Gilzer produziert wurde. Mit dem Mauerfall und dem Umweltschutz zu liebe wurde der private Durchgangsverkehr dann stark eingeschränkt, indem Durchfahrtszeiten einzuhalten sind, Tempo 30 sowie absolutes Parkverbot am Seitenstreifen herrscht. Dies war sicherlich auch eine Reaktion auf das wilde nächtliche Treiben der Westberliner Szene, wenn man zu einer der vielen spontanen und illegal einberufenen Partys einfuhr und die Wildschweine störte.

11. Seite 72: Der Teufelsberg

Der Teufelsberg ist eigentlich ein Trümmer- und Müllberg im grünen Grunewald des Westberliner Bezirks Charlottenburg-Westend und ist ungefähr 120 Meter hoch. Mit der Begrünung ab dem Jahr 1976 wurde der Berg dann als Naherholungsgebiet der Berliner Bevölkerung übergeben, die schnell die passenden Einsatz- und Verwendungsmöglichkeiten fanden. So dient der „höchste“ Berg Berlins heute als Rodelstrecke, Skipiste, Mountainbikestrecke, Kletterpark, Skaterabfahrt, Drachenflugplatz und in der Vergangenheit tatsächlich eine Zeit lang auch als Spionagezentrum der Alliierten. Er ist damit ein sogenannter Lost Place. Den Namen verdient der Berg dem nahegelegenen Teufelssee, wo die Berliner heute noch ihre Freikörperkultur im kühlen Nass und auf den Wiesen ganz ungeniert frönen. Auf dem Berg hat man einen großartigen Blick über ganz Berlin und bei gutem Wetter bis nach Brandenburg. Der Funkturm, der Fernsehturm, das Reuterkraftwerk, die gesamte Skyline von West- und Ostberlin bietet viele Fotomotive für alle, die den anstrengenden Aufstieg gewagt haben.

12. Seite 78: Berlin-Charlottenburg

Dieser Bezirk ist bekannt für seinen exklusiven Ruf, aber auch extrovertierten Lebensstil im Westteil der Hauptstadt. Entlang des Kurfürstendamms und seiner vielen Seitenstraßen reihen sich Luxusboutiquen, Pelzgeschäfte, Hotels und Etablissements, Kaufhäuser, Gastronomien und auch

Fastfood-Ketten, Kaffeehäuser, Clubs, Kinos, Unterweltamüsiertempel, Künstler- und Literatentreffpunkte. „Feinste" Adressen für alle, die was auf sich halten oder müssen. Vor dem Mauerfall ging sich Berlin hier amüsieren, Sperrstunde kannte man nicht und so genoss man ein sehr ausgeprägtes Vergnügungsverhalten. Alles war erlaubt, es gab keine Peinlichkeit oder Hemmungen. Gleichzeitig zeugt eine Charlottenburger Adresse von spießiger Hochwertigkeit und Qualität. In keinem anderen Bezirk pflegen so viele Anwalts-, Notar- und Beratungsbüros eine entsprechende Adresse am oder nahe dem Kurfürstendamms.

Nach dem Mauerfall setzte zeitweise ein Sterben der City-West ein. Viele bekannte und alteingesessene Institutionen mussten schließen oder in den Ostteil umziehen. Heute erfreut sich der Bezirk einer Wiederbelebung und einer Art Revival der alten guten Zeit.

13. Seite 96: Berlin-Steglitz

Der Westberliner Bezirk ist eher ein langweiliger Bezirk. Hier kann man entweder gutbürgerlich ruhig wohnen oder zentral in der Schloßstraße einkaufen gehen. Die Straße mit ihren Warenhäusern, Shoppingmals und vielfältigen Einzelhandelsgeschäften ist eine der größten Einkaufsstraßen Berlins. Diese ist gleichzeitig die Hauptverkehrsstraße Richtung Schöneberg, Tempelhof oder Kreuzberg, wenn man nicht die Umgehung über die Stadtautobahn nimmt. Wahrzeichen ist der Steglitzer Kreisel, einer der ersten Hochhaustürme in der Stadt. Früher war dort das Bezirksamt angesiedelt, heute wird der Kreisel gerade von einem Investor aufwendig entkernt und mit einer modernen Glasfassade versehen. Im Angebot sind dann schicke und teure Wohnungen mit atemberaubendem Blick über die ganze Hauptstadt. So zumindest das Versprechen des Investors. Je höher desto teurer die Wohnfläche. In der Nähe befindet sich zumindest etwas Kultur und Wissenschaft, in Form des Botanischen Gartens sowie der Freien Universität Berlin.

14. Seite 104 : Venice Beach Los Angeles

Venice Beach ist ein etwa 4,5 km langer Strandabschnitt in Los Angeles im Stadtteil Venice. Die Strandpromenade, auch Ocean Front Walk oder einfach Boardwalk genannt, ist Anziehungsmagnet für Einheimische und Touristen gleichermaßen. Genau diese Mischung macht hier die ganz besondere Atmosphäre aus. Hier tummeln sich Vergnügungssüchtige, Straßenkünstler, Wahrsager und Versager, Hippies, Sportler, Musiker, Maler und Artisten. Überall befinden sich im Freien angelegte Sportplätze für die vielfältigsten Sportarten. Dazu gehören Volleyball, Basketball und Tennis. Halfpipes für Skateboarder und Skater, der Muscle Beach für Bodybuilder. Auch Arnold Schwarzenegger stählte hier einst seinen Körper.